小中一貫・学校統廃合を止める

市民が学校を守った

山本由美

新日本出版社

目次

福井県大野市
大阪府枚方市
兵庫県川西市
岡山県奈義町
広島県庄原市
愛媛県今治市
茨城県つくば市
東京都武蔵野市
広島県福山市
高知県四万十市

第1部　小中一貫校はどうなっているか

第1章　小中一貫校づくりと学校統廃合をめぐる全国の動き

山本由美

全国で学校統廃合が増え、また小中一貫校化に伴う実質的な学校統廃合も増加しています。二〇一六年度から、九年間一貫した教育課程を持つ「義務教育学校」も開設されるようになりました。しかし、学校統廃合は単に少子化によって学校が閉鎖されるという問題でありません。子どもたちや保護者にも大きな影響を与えるばかりではなく、地域コミュニティの解体や消滅さえもたらすものです。また、政策的な意図をもって行われるものでもあります。

それに対して、地域の学校を守ろうとする、保護者や住民、教職員、時には子どもも参加する運動が全国で起きています。そうした共同が成功したいくつかのケースでは、計画を延期、白紙撤回させています。どうしたら地域の学校を守ることができるのか、本著ではそのような最先端の運動の成果を検証し、そこに見られる成功のカギを考えてみたいと思います。

1　増加する学校統廃合

図表1―1は、ここ三〇年近くの小中高の公立学校の廃校数の推移です。二〇〇〇年前後から増えて、その後高止まりしているのがわかります。この数年、やや低下しているようにみえますが、二〇一四年度からスタートした「地方創生」政策が統廃合を後押しし現在計画に着手している自治体が多いため、この高止まりはしばらく続きそうです。また図表1―2は、都道府県別の廃校数の過去一五年間の合計です。北海道、東京はこの間不動の一位、二位です。

「子どものため」を口実にしながら、まず教育費の削減のために統廃合が活用されてきました。二〇一四年、政府の「骨太の方針」に「学校規模の適正化に向け」た「学校統廃合の指針」作成が盛り込まれました。続く二〇一五年、内閣府の経済財政諮問会議が「経済財政一体改革推進委員会」を設置し、国の各分野の政策の改革工程表を公表しましたが、その中の「文教施策」の筆頭に「学校規模適正化と学校の業務効率化」が挙げられています。二〇一八年度までが「改革集中期間」とされ、数値目標として「学校の小規模化の対策に着手している自治体の割合」を二〇二〇年度までに一〇〇パーセントにすることが掲げられています。まさに財政的理由から統廃合

図表１—１　公立学校の年度別廃校発生数（1992年度～2017年度）

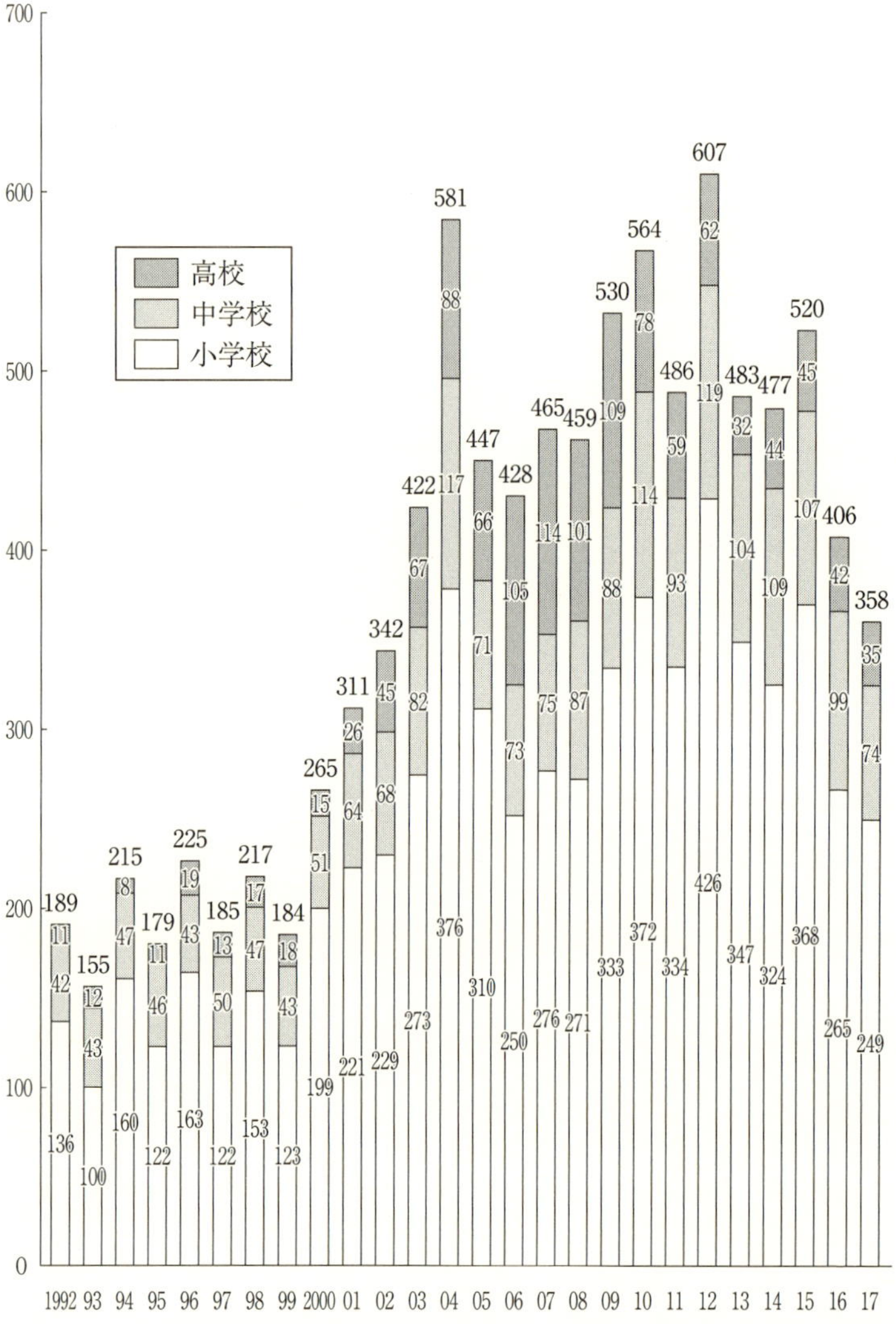

2019年文科省資料をもとに筆者、山口隆洋（和光大学大学院）が作成

図表１―２　公立学校の都道府県別廃校発生数（2002 年度～ 2017 年度）

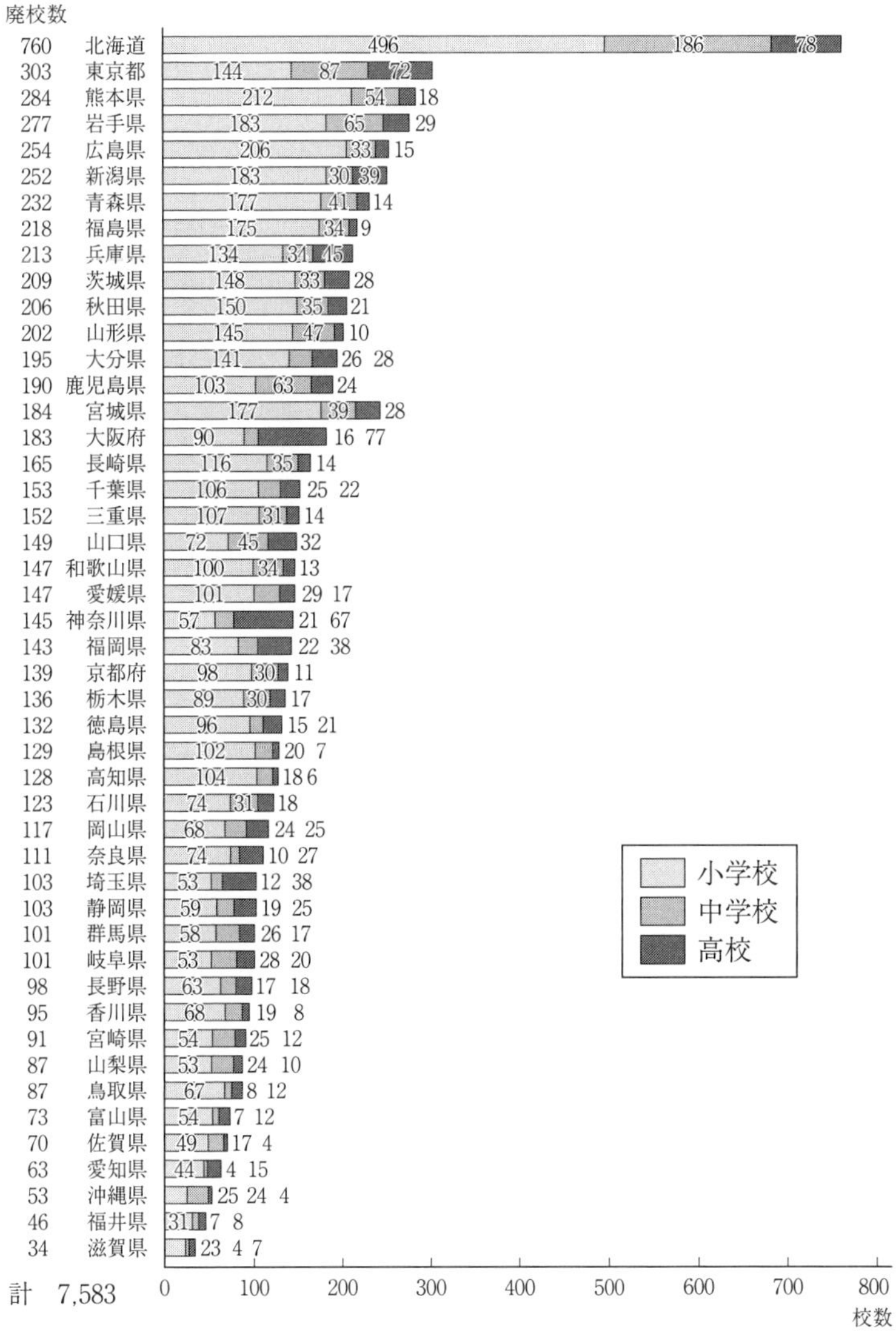

文科省作成

が国の重点政策とされているのです。

それを根底に、以下のような動向が廃校数を増加させてきました。第一に、地方における「平成の大合併」の影響が挙げられます。広大な地域に多くの過疎地を抱える北海道は別格として、県別上位には市町村合併が多かった自治体が並びます。合併の際、規模や財政が相対的に小さい自治体の方の学校がまとめて統合されるケースが多いのですが、その際すべての小中学校を一校の小中一貫校にまとめてしまうケースも出現しています。近隣に一貫校が開設されるため旧自治体から一校も学校がなくなる計画が二例（愛知県八開村＝現愛西市、広島県庄原市）確認されていますが、いずれも地域の反対運動が起きています。旧自治体が築いてきた文化や歴史に対する配慮がないのです。

そして第二に、東京での学校選択制の影響が挙げられます。二〇〇〇〜〇七年の間、東京の多くの自治体は学区外の小・中学校が選べる学校選択制を導入しました。保護者から選択されるという競争的な環境のもとで、教職員が努力することによって教育の質が高まるというロジックが用いられましたが、実際にそのような結果は得られませんでした。しかし特に二三区では最盛期には一九区が何らかの選択制を導入しました。同時に学校の「最低基準」を設定するなどしたため、選択されなかった一四〇校近い小規模校が廃校になりました。

しかし二〇〇八年に制度の見直しを行った江東区を皮切りに選択制は下火となりました。学校と地域の関係が弱まったことが理由の一つです。二〇一九年、全国的なモデルとされた品川区もついに制度を見直すことになりました。詳しくは後で述べたいと思います。

そして第三に、高校統廃合の増加があります。大都市部以外の地域では小泉純一郎政権以降の地方交付税交付金の減額を背景として過疎地の学校が廃校になりました。東京、神奈川など都市部では、産業構造の転換を背景として、高校の「スクラップ・アンド・ビルド」が行われました。すなわち「人材」育成の面で古いタイプとなった職業高校などを廃校にして新タイプの高校を開設することが行われ、結果的に二〇〇〇年前後から多くの高校が廃校になったのです。

第四に、小中一貫校の増加、二〇一六年度の「義務教育学校」法制化も近年の廃校数増の大きな要因となっています。これは選択制の減退と入れ替わるように開設されています。

さらに第五に、二〇一四年度から始まった「地方創生」の影響があります（二八ページ参照）。

第六に、二〇一五年に文科省が昭和の大合併期以来五八年ぶりに改正した統廃合の手引き「公立小学校・中学校の適正規模・適正配置等に関する手引き」も、各地の統廃合を後押ししています。特に「単学級以下校の統廃合の適否」について「速やかな検討」を行うことが盛り込まれ、統合基準として、従来の距離基準に加えて「（スクールバス等を用いて）おおむね一時間以内」という時間基準が追加されたことの影響が大きいです。

総じて二〇〇〇年代に入ってからの時期は、新自由主義的教育改革の手法として学校統廃合が駆使されてきた二〇年といえるかもしれません。みんなに平等な公教育を提供する学校ではなく、経済の目的、すなわち大企業の希望に沿うために、早くからエリート養成に特化した学校とそうでない安価な大規模な学校に再編し、さらに公教育に民間の市場を提供していこうとするのが、この教育改革です。小さな学校は「運営のコストがかかる」上に、地域の住民自治や人々の共同の核となるため、政府がトップダウンの改革を進める上での「障害物」となり、目の敵《かたき》にされてしまうのです。

図表1―3の学級数別学校数の年度推移はその事実を裏づけます。一九八五～二〇〇五年までは小規模な学校、すなわち全学年一クラス以下の単学級以下校、分校が多かったのが、二〇一五年では劇的に減少しています。かつては、どんなへき地にも子どもがいれば小学校があり、生活圏の中、子どもたちが徒歩通学する光景が見られました。子どもにとって学校はすべての地域にある家庭の延長のような場所でした。公立学校は地域コミュニティの核として、そして誰にでも平等なサービスを提供する機関として機能してきました。中学校でも同様に小規模な単学級校が多いのですが、他方、都市部などの大規模な中学校も多く、両極端の分布が見られます。しかし小学校は圧倒的に小さい学校が多かったのです。

中学校を設置する単位として、昭和の大合併期に、行政効率性に基づいて望ましい単位の自治体の人口「八〇〇〇人」を設定した場合の一中学校あたりの学級数「一二～一八学級」が算出され、学校教育法施行規則などの「標準学級数」とされました。図表1―3では「標準とする規模」のゾーンである「一二～一八学級」がそれに該当します。一九五六年の文科省の「統廃合」通達では、統合する場合の「標準」にこの規模が用いられました。しかし、表の分布に見るよう

図表1—3　学級数別学校数（公立）の推移（1985／1995／2005／2015年）

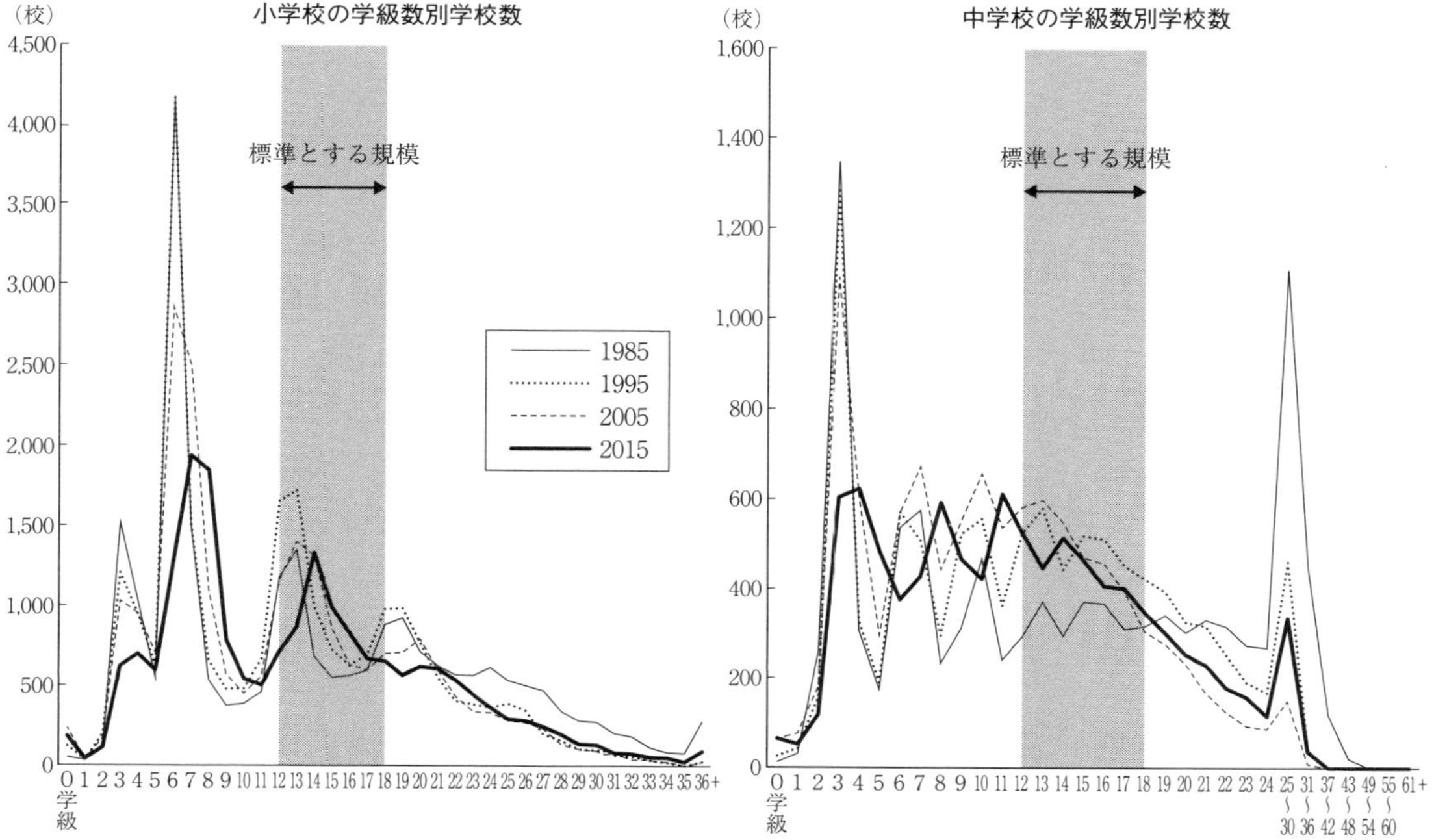

2018年、それぞれ文部科学省「学校基本調査」から総務省が作成

に、小学校でも中学校でもこの規模の学校がそれほど多いわけではありません。特に、中学校の平均学級数から算定したために、小学校は多くがその規模よりも小さいことがわかります。当時は学校統廃合が市町村合併を誘導するために利用されました。特に統合校舎を新増築した場合、国の財政補助率を二分の一（危険・老朽化の場合は三分の一であるのに対し）に引き上げたことは強力な財政誘導として機能しました。その後、多くの自治体でその数字をそのまま学校の「適正規模」にスライドさせることが行われ、それより小規模な学校の統廃合につながりました。しかし、その「一二～一八学級」に教育学的な意味はなく、小規模校の教育的効果が低いことは実証されていません。結局、一九七三年、高知県の統廃合の惨状が報告された国会審議を経て出された、文部省によるいわゆる「Uターン通達」において、小規模校としての教育的利点もあることが言及されました。その後、廃校数は減少したのです。

しかし近年、新自由主義的教育改革によって新たに統廃合が増加する中で、再度、自治体が独自に設定した「適正規模」（時には廃校にしたいターゲット校の規模に合わせて設定される）を持ち出し、児童・生徒数の減少のみを理由に「子どものために」「教育的効果を高める」という理由をつけて学校を廃校にする事態が出現しているのです。

2 「教育的」な理由で保護者を分断

学校統廃合を正当化するために、多くの教育学的「俗説」が用いられます。その代表例といえる「切磋琢磨《せっさたくま》」論は、文科省も二〇一五年の学校統廃合の手引き「公立小学校・中学校の適正規模・適正配置等に関する手引き」で用い、全国で多用されています。これは、「一定規模の人数のもと、競争的な環境にないと、人は鍛えられない」とする俗説で、教育学的な効果の裏付けはありません。他にも「社会性が育たない」「クラス替えができないので人間関係が固定化する」「〝新しい学び〟である〝双方向的な学び〟や〝対話的な学び〟には一定の人数が必要」「小学校で英語ができなくなる」といった実証的根拠のない説明によって、保護者が不安をあおられ、学校を守る共同が分断されています。

小・中学校の場合は、保護者、地域住民、教職員が共同して運動をすることができれば、高校よりも行政の距離が「近い」ためにストップをかけることが比較的容易なのですが、当事者である保護者がそれを望まないと運動は難しくなります。

きわめつけは「複式学級」攻撃です。「児童・生徒数が減れば複式学級は免れない。そして複式学級は学力が下がる」と行政は保護者を脅《おど》します。将来的な「複式学級」出現可能性さえも脅しの口実になります。また、広島県庄原市では「新学習指導要領は複式学級を想定していない」という教育長、教委らの誤った認識に基づいて、統廃合計画の検証委員会の審議が進められました。そこでは「複式学級」で「学力」は大丈夫か、といった内容が集中的に扱われ、結果的に小規模校を解消する内容の答申が導き出されました。

しかし、小規模校や複式学級は確かに大きな学校に比べて教育方法が異なりますが、教育的効果に問題があるわけではないのです。また、本書第9章に見るように日本のへき地教育、小規模校の教育には教育学的な豊かな蓄積があるのですが、無視されています。

さらに二〇〇六年の「市町村立学校職員給与負担法」改正により、市町村が給与費を負担して独自に教職員を任用することが可能になり、長野県阿智村のように小規模校に村費で講師を配置して複式学級を回避している自治体もあります。また二〇一一年の「公立義務教育諸学校の学級編成及び教員定数の標準に関する法律」等の一部改正により、自治体が学級編成について弾力的に運用できるようにもなっています。つまり複式学級を置くかどうかは、行政の姿勢次第なのです。

3　政策的に進められる小中一貫校

「小中一貫教育」、「小中一貫校」も、統廃合のようにネガティブな言葉ではなく、すばらしい教育を提供するかのように用いられることで、保護者の心を揺らします。実は単なる統廃合の方途に過ぎない場合が多いのですが。

二〇〇〇年に広島県呉市で文科省の研究開発校制度としてスタートした小中一貫教育は、実質的な統廃合を望んでいた京都市や品川区が「教育特区」制度を用いて導入し、全国サミットなどを通して主に統廃合の方途として拡大しました。

この間、小中一貫校の拡大を後押ししてきた二つの流れがあります。第一は、第二次安倍政権の下で進められた「学校制度の複線化」です。安倍政権が誕生する寸前の二〇一二年末に自民党教育再生実行本部が公表した「中間とりまとめ」でこれは筆頭に掲げられましたが、すでに二〇一〇～一一年から財界や省庁間で「グローバル人材」養成に向けた「学校制度の複線化」は提起されていました。その後、首相の私的諮問機関である「教育再生実行会議」が短期間に次々と提言を公表し、それを受けて中央教育審議会の審議が始まり答申等が出され、国会で法改正という

図表1—4　義務教育学校の拡大

2016 年度に開校した義務教育学校

自治体	所在地	学校名	統合	児童生徒数	小規模特認校
北海道	知床町	知床ウトロ学校	1小1中	69	
	中標津町	計根別学園	2小1中	127	
岩手県	大槌町	大槌学園	1小1中	614	
山形県	新庄市	萩野学園	3小1中	382	
茨城県	水戸市	国田義務教育学校	1小1中	165	○
	つくば市	春日学園	1小1中	1409	
千葉県	市川市	塩浜学園	1小1中	337	
東京都	品川区	品川学園	1小1中	1120	
	品川区	日野学園	1小1中	984	
	品川区	伊藤学園	1小1中	891	
	品川区	荏原平塚学園	1小2中	622	
	品川区	八潮学園	3小2中	751	
	品川区	豊葉の杜学園	2小2中	921	
神奈川県	横浜市	霧が丘義務教育学校	1小1中	897	
長野県	信濃町	信濃小中学校	5小1中	534	
大阪府	守口市	さつき学園	1小1中	582	
石川県	珠洲市	宝立小中学校	1小1中	83	
	珠洲市	大谷小中学校	1小1中	31	
兵庫県	神戸市	義務教育学校港島学園	1小1中	789	
高知県	高知市	義務教育学校行川学園	1小1中	50	○
	高知市	義務教育学校土佐山学舎	1小1中	142	○
佐賀県	大島町	小中一貫校大町ひじり学園	1小1中	441	

2019 年、山本が作成。児童生徒数は 2018 年度

図表1－4　つづき

2017年度に開校した義務教育学校

自治体	所在地	学校名	統合	児童生徒数	小規模特認校
北海道	占冠村	占冠トマム学校	1小1中	6	
栃木県	小山市	絹義務教育学校	3小1中	270	
	那須塩原市	塩原小中学校	1小1中	79	
茨城県	笠間市	みなみ学園義務教育学校	1小1中	146	○
神奈川県	横浜市	西金沢義務教育学校	1小1中	626	○
岐阜県	羽島市	桑原学園	1小1中	165	
	白川村	白川郷学園	2小1中	127	
三重県	津市	みさとの丘学園	3小1中	284	
大阪府	和泉市	南松尾はつがの学園		230	
和歌山県	和歌山市	伏虎義務教育学校	3小1中	699	
広島県	府中市	府中学園	1小1中	891	
	府中市	府中明郷学園	1小1中	299	
福岡県	八女市	八女市立上陽北汭学園	6小2中	174	
佐賀県＊	多久市	東原庠舎東部校	2小1中	318	
	多久市	東原庠舎中央校	3小1中	791	
	多久市	東原庠舎西渓校	2小1中	277	
	玄海町	玄海みらい学園	2小2中	478	
熊本県	高森町	高森東学園義務教育学校	1小1中	41	
大分県	大分市	碩田学園	3小1中	1042	
鹿児島県	出水市	鶴荘学園	1小1中	64	
	南さつま市	坊津学園	4小2中	134	
国立					
福井県	福井市	福井大学教育学部付属義務教育学校		767	
京都府	京都市	京都教育大付属京都小中学校		前期調査中（後期377）	

＊多久市3校は2013年度に統合、施設一体型小中一貫校から2017年度に義務教育学校に

図表1―4　つづき

2018年度に開校した義務教育学校

自治体	所在地	学校名	統合	児童生徒数	小規模特認校
北海道	白糠町	庶路学園	1小1中	162	
	湧別町	芭露学園	1小1中	41	
宮城県	名取市	閖上小中学校	1小1中	126	
秋田県	井川町	井川義務教育学校	1小1中	285	
福島県	郡山市	西田学園義務教育学校	5小1中	280	
茨城県	桜川市	桃山学園義務教育学校	2小1中	763	
	つくば市	秀峰筑波義務教育学校	7小2中	1127	
		学園の森義務教育学校	春日学園より分離	1151	
		みどりの学園義務教育学校	2小1中	719	
	土浦市	新治学園義務教育学校	3小1中	544	
	河内町	かわち学園義務教育学校	3小2中	492	
東京都	江東区	有明西学園	1小2中	628	
新潟県	三条市	大崎学園	1小1中	808	
静岡県	伊豆市	土肥小中一貫校	1小1中	130	
滋賀県	長浜市	余呉小中学校	1小1中	168	
京都府	亀岡市	亀岡川東学園	1小1中	251	
	京都市	開睛小中学校	5小2中	825	
	京都市	大原小中学校	1小1中	65	
	京都市	東山泉小中学校	3小1中	730	
	京都市	凌風小中学校		726	
	京都市	宕陰小中学校		12	
	京都市	花背小中学校	1小1中	33	
大阪府	池田市	ほそごう学園	1小1中	597	
	羽曳野市	はびきの埴生学園	1小1中	270	

兵庫県	姫路市	白鷺小中学校	1小1中	950	
鳥取県	鳥取市	湖南学園	1小1中	146	
	鳥取市	鹿野学園	1小1中	237	○
	鳥取市	福部未来学園	1小1中	206	○
福岡県	宗像市	大島学園	1小1中	48	○
長崎県	佐世保市	浅子小中学校	1小1中	29	
	佐世保市	立黒島小中学校	1小1中	16	
熊本県	産山市	産山学園	1小1中	112	

教育改革の流れが始まります。

教育再生実行会議の第五次提言「今後の学制等の在り方について」（二〇一四年七月）を受けて、二〇一五年に学校教育法が改正され「義務教育学校」が新しい学校種として登場しました。四年間で約九〇校に拡大しています（二〇一八年度までの開校状況について図表1―4）。小中合わせて校長一名、教職員集団を一つにすることで容易にでき、特に過疎地の小規模校を統合するのに「適して」います。校長などが一名になるため、三校以上の学校を統合すると教員定数を減らすことができ、校数が多ければ多いほど人件費が削減されます。それまでの小中併置校がそのままスライドしたケースもありますし、地域に学校を残すためやむを得ない選択がされたケースもあります。また、同時に「特色」を明確にしたうえで小規模特認校制度を採用して学区外から児童生徒を集める学校もあります。

財政誘導も用いられています。二〇一六年の「義務教育諸学校等の施設費の国庫負担等に関する法律」改正によって、これまでは小学校、中学校同士の統合の場合のみが「校舎建設費の二分の一国庫負担」の対象となっていたのに、新たに「義務教育学校」もそれに加えられました。そのことが強力な財政誘導になっています。危険校舎（例えば耐震工事が未実施など）の改修の場合、国庫負担は三分の一です。例えば、岡山県美咲町では、老朽化した中学校のみの改修で済むのに、国の補助金を得るためにわざわざ近隣の小学校二校を巻き込んで「義務教育学校」を計画しました。しかし、財政的理由を前面に出した、あまりに強硬な案だったため地域から反対の声があがり、教育長が辞任して計画はストップしました。

今、強力に拡大を後押ししているのは第二次安倍政権が目玉とした「地方創生」政策です。特に、総務省が二〇一四～一六年度に全自治体に提出を要請した「公共施設等総合管理計画」は、公共施設全体の削減を進めるものになっています。多くの自治体は人口減を背景に、将来的な改修工事に算出される赤字を回避するために、公共施設の総延床面積で削減する数値目標を盛り込んだ計画を総務省に提出しました。学校施設は全公共施設の床面積の四～六割を占めるため、削減の絶好のターゲットになります。特に、複数の小中学校を一度にまとめられる小中一貫校は有効な方法になります。一度に統合された最多の校数は第三部でとりあげる茨城県つくば市の七小二中の統合（第8章で詳述）です。

この政策のもとでは、学校がコミュニティに果たす特別な役割や公共性は無視され、「利用者数」として児童・生徒数のみが挙げられます。また計画に書き込めば、自治体は規模「最適化」

事業や施設解体費用などにも地方債が適用できるようになります。これも強力な財政誘導といえるかもしれません。県をあげて先行的に公共施設再編計画を研究してきた岡山県では、「四〇年間で延床面積を四二パーセント削減（倉敷市）」といったように数値目標が高い自治体が目立ちます。そのような複数のケースで学校統廃合計画をめぐる紛争が起きています。加えて、公共施設再編のもとで多くの保育園と幼稚園を統合して大規模認定こども園に統合する再編も、関西に集中して起きています。このような傾向が目立つのは、公共施設再編と平成の大合併に積極的だった自治体が関西地方に多いことの影響があるのかもしれません。

この一貫校化によって従来の小学校区は消滅します。小学校区は「昭和の大合併」前の旧村の地域と重なっていることが多く、生活圏として自治的な機能を持ち、福祉などの基礎単位でもあります。それをなくすことで地域の自治的な機能がこわされてしまいます。自治がこわされた後は、経済の目的に資するトップダウンの政策が容易に通るようになり、規制のない広い領域で大企業が自由に「競争」できるようになります。そして小学校を失った地域に子育て世帯が戻ることは難しく、過疎化が加速され「地方創生」どころではなくなってしまいます。よい教育環境、自然環境を求めてIターン・Uターンした家族が増えてきた過疎地があっても、そのコミュニティが簡単にこわされてしまう事態が出現しています。そのような地域に新しく参入した層が統廃合に反対する運動の主軸になっているケースもあります。

他方、二〇一七年に地方教育行政の組織及び運営に関する法律が改正され、コミュニティ・スクールの要件となる学校運営協議会の「設置努力義務」が自治体に課され、小中一貫教育を前提に二校以上への協議会設置ができることも盛り込まれました。トップダウンでつくられるコミュニティ・スクールは、校長権限を拡大し「学校支援」体制などで地域の保守的勢力を組織する傾向が強いようです。まさに「地域をこわし（新たな）地域をつくる」政策が行われているのです。

さらに二〇一八年、総務省は新たに「自治体戦略２０４０構想」として、人口減、高齢化によって「内政上の危機」が訪れる可能性があるとする二〇四〇年に向けて、新たな自治体再編計画を公表しました。今までの、全ての公共サービスを提供する「フルセット型自治体」から脱却させ、「ＡＩ化」なども利用して自治体の機能の「標準化」を図ろうとします。また自治体同士を、連携させて機能を共有化させるというのですが、小・中学校設置の共同化は即統廃合につながります。自治体の公共性は縮小され、住民自治の衰退が懸念されます。

「地方創生」のもとで、文科省もあたかも他の省庁の下請けになってしまったかのようです。統合に向けた「教育的理由」を挙げるばかりでなく、廃校校舎を企業とマッチングさせる「〜未来につなごう〜『みんなの廃校』プロジェクト」（二〇一〇年〜）などを行っています。

4 教育的効果やデメリットが検証されていない小中一貫校

「小中一貫校と普通の小・中学校の教育的効果やデメリットを同一条件で比較した調査研究はいまだない」——二〇一五年の「義務教育学校」法制化の国会審議のさなかに文部官僚が述べました。当初導入理由として用いられた「中一ギャップの解消」は、中学校文化が小学校と異なり、中学でいじめや不登校が増えるので、「段差」をなめらかにするために一貫校にするというものでした。しかし、二〇一四年の国立教育政策研究所のリーフレット「『中一ギャップ』の真実」が「中一ギャップ」には科学的根拠がないとして以来、一部の自治体を除いてはほとんど用いられなくなりました。

また近年、不登校、いじめ、「暴力」などの問題行動が小学校で出現する率が過去最高になっており、「小中の文化の違いが中学生の問題行動の原因になっている」というロジックが通用しなくなっています。小学校と中学校を接続するために考案された「四・三・二制」カリキュラムも、二〇一三年段階で約七割の施設一体型小中一貫校が導入していたのですが、その効果が必ずしも実証されているわけではなく、取り入れる学校が減少しているようです。

図表1―5　施設一体型小中一貫校と非一貫校の子どもの「自信」比較

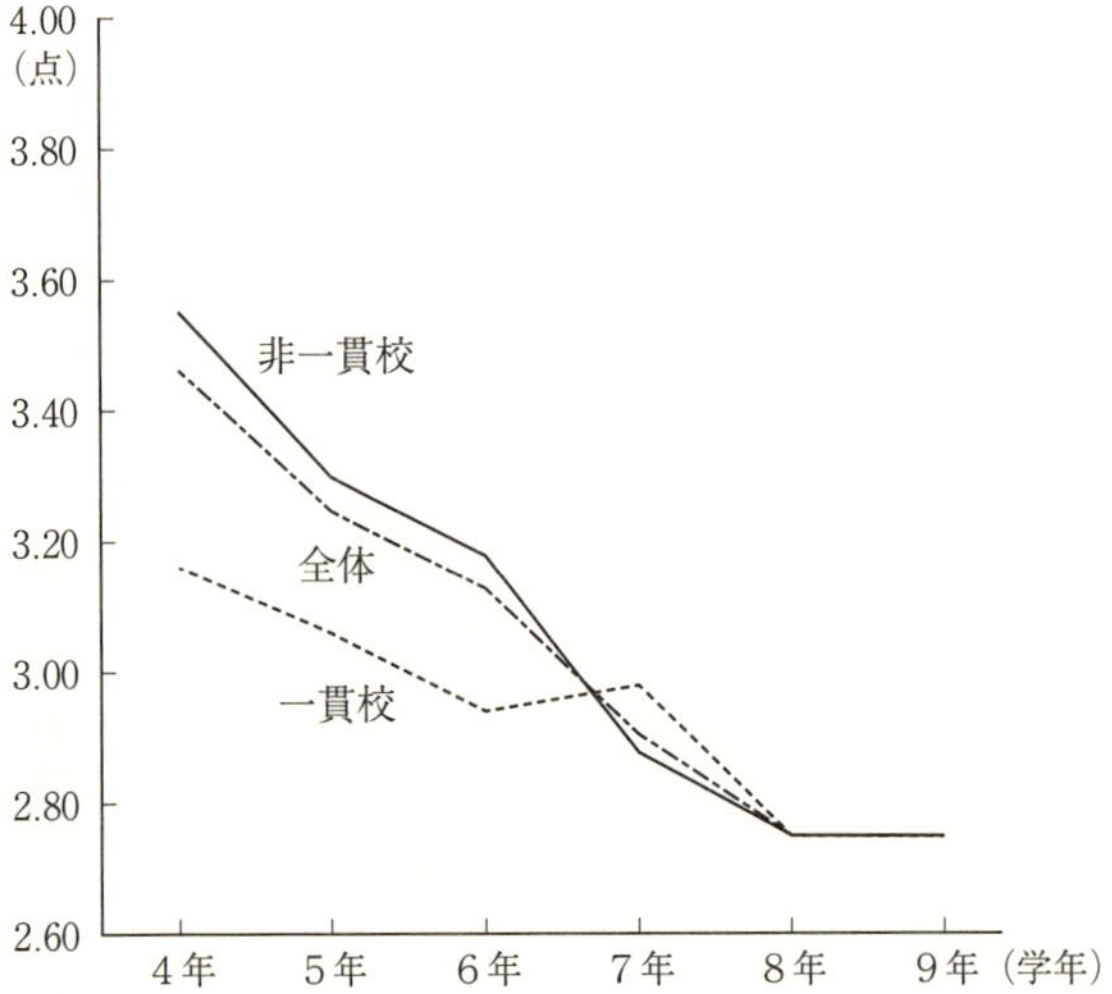

出典は注1。「点」は子どもの複数の回答を統計学的に数値化しその平均をとったもの。数値が高いほど自信が高いことを意味する

他方、新たに浮上したデメリットとして、施設一体型小中一貫校の「六年生問題」があります。筆者も参加する教育学・心理学の研究者チーム(注1)が、二〇一三年から継続的に、施設一体型一貫校と非一貫校を比較した大規模な児童・生徒を対象としたアンケート調査を行ってきました。二〇一三年度の調査では、児童・生徒の「コンピテンス(やればできる、という自信)」を指標の中心にしたアンケート内容の調査を行いましたが、図表1―5(児童・生徒の自信)に見るように小学校段階全体で施設一体型一貫校の児童・生徒にネガティブな傾向が多く見られました。

その後、二〇一五年から開始した新たな、全国調査(二〇一五〜一六年)

図表1―6　「対教師関係」子どもの意識比較

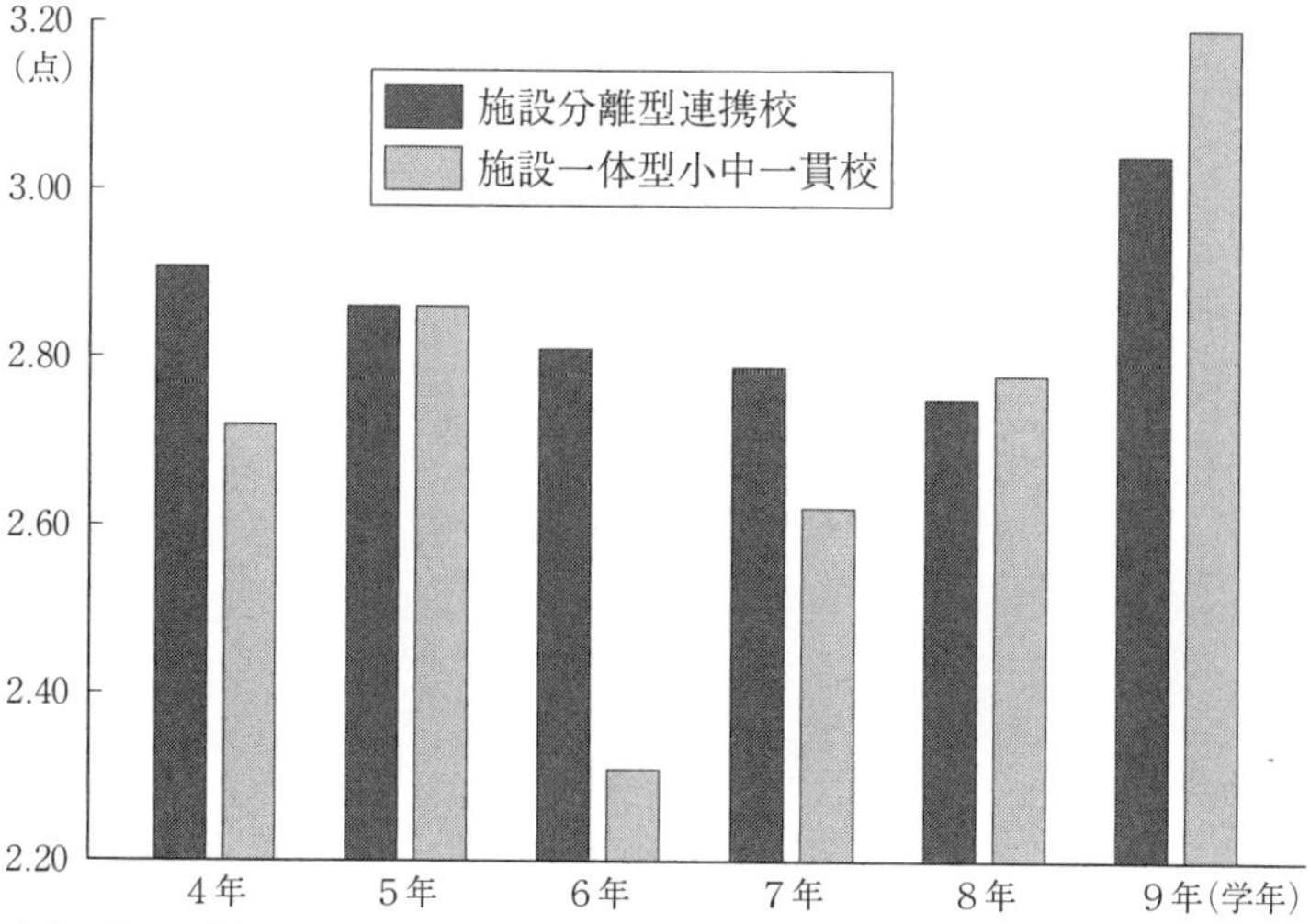

出典は注1。「点」は子どもの複数の回答を統計学的に数値化しその平均をとったもの。数値が高いほど「対教師関係」が良好であることを示す

および特定市の調査（二〇一八年）においては、いくつかの項目で施設一体型小中一貫校の六年生にネガティブな傾向が見られました。特に「教師からのソーシャルサポート」「対教師関係」（図表1―6）や「友人との関係」などの、人間関係に関する指標で、六年生に際立ってネガティブな傾向が見られました。施設一体型の義務教育学校の保護者を対象としたヒアリング調査でも「いつも問題が起きるのは六年生」「受験をする子はカリカリしていて同じ施設に行く子はボーっとしている」といった声が見られます。本書第7章に見るように「『六年生マジック』が効かない」など、これまで最高学年の存在を前提に行ってきた小学校の教育活動がうまくいかないという意見も

あげられています。理由はいろいろ考えられますが、同一空間に思春期の大きな中学生がいる環境で、従来であれば児童会や行事でリーダーシップを発揮し大きく成長する小学校高学年の発達に何らかの課題が生じるのではないか、といったことが推測されます。

また、学校選択制と小中一貫校の全国モデルであった品川区が制度の改革に着手しだしました。二〇〇〇年からの全校への学校選択制、二〇〇六年、全校への小中一貫教育と六校のモデル的な大規模施設一体型小中一貫校の開校、二〇一六年のそれらの「義務教育学校」へのスライドと、日本の新自由主義的教育改革を一時期までリードしてきた品川区が、二〇一九年「学校選択制の見直し」と称する改革を始めたのです。

これまで、「日野学園」「伊藤学園」といった全国モデル的な六校の「義務教育学校」は、全区内どこからでも選択して入学できる特別な学校であったのに対し、普通の小・中学校は四つに分けたブロック内からのみ選択可能でした。また「義務教育学校」の多くは費用をかけた豪華な校舎が新設され、差異化が図られていました。

ところが二〇二〇年度から「義務教育学校」と普通の小中の区別を廃し、どの学校も隣接する学区からのみ選択できるようにするというのです。「義務教育学校」「小学校」「中学校」は単なる三種の校種として同等に扱われ、特別扱いされてきた「義務教育学校」は選択できる範囲がせばめられることになります。さらに地域とつながりを重視するためコミュニティ・スクール（学校運営協議会を設置した学校）制度も導入するというのですが、その「理由」として災害時への対応等が挙げられました。これまで学校と地域の関係を分断する政策が取られてきたことと真逆の方向性が示されたのです。

教育委員会による説明会では「義務教育学校」と一般の小中学校はそれぞれ別の特色があるとされ、前者は「九年間同一施設であること」、普通の小学校は「六年生のリーダーシップ」があることなどが挙げられました。これは、これまでの同区教委の「義務教育学校」の特別視からはかけ離れた説明といえます。品川区の一貫校では、これまでも、国私立中学受験をする層が抜けて半数程度が中学で入れ替わることで、七年生（中一生）に問題が起きやすい、都市部の施設一体型一貫校の制度的な課題が指摘されていました。二〇一二年に起きた「義務教育学校」の七年生いじめ自殺事件の解決には長く時間を要しています。今回の品川の改革は日本の新自由主義教育改革がもたらした歪みの中での一つの方向転換といえるでしょう。

5　保護者が立ち上がれば対抗軸に

保護者、住民、教職員、時には子どもたちを含む共同が、今日の新自由主義的な教育改革の対抗軸になります。本書では、第2部から全国でこのような対抗軸になる共同が実現したケースを紹介していきたいと思います。

そこでは、保護者の運動がカギを握っています。特に、保護者が立ち上がって小学校統廃合を止めた兵庫県川西市のケースを紹介してみたいと思います（詳しくは第2章参照）。

＊

元市職員の今西清さんのもとに、悩みぬいた一人のお母さんから電話がきます。「たぶん無理だと思いますが。最後の統合説明会の前に相談したいのです」。そこで「スーパーの入り口で立っているのでこの人だと思ったら声をかけてください」と答えたといいます。彼女は統合対象校区の住民で、保護者会関係者と二人で来ました。保護者会は一年間の任期が切れる間際でした。「学校統廃合で子どもがどうなるか心配です。一年間いろいろな人に相談しましたが、すでに決まったことと言われ諦めていました。」

「一人でも取り組みはできます。当事者が一人でもがんばろうと思えば」。二人から相談を始め、次は一〇名程度に相談を広げましょう、さらに保護者会の自主学習会をやろうということになったのです。学習会は多くの父親たちを含め五〇名ほどの保護者と住民が集まりました。

そこで今西さんは、教育委員会が出した資料をこういうふうに読んだ方がいい、と説明しました。

①将来的な児童数推計の減少を統合理由にしているが、どの資料を使うかで全く違う。統廃合

したい教育委員会は、減少するデータを用いるが確かなものではない。②一学級が三五人より少なくなったら子どもたちは本当にかわいそうなのか、そんなことはない。（その後、組合教師による「小規模校はこんなに楽しい」という学習会で保護者は小規模校の価値に確信を持つことができました）

③統廃合は誰が決めるのか、教育委員会が勝手に決めていいのか。主権者は誰なのか。

④憲法には請願権がある。直前の市長選挙で、統廃合は公約になっていなかったのに、当選後、住民の声を全く聞かずに決めている。しかし「おかしいことはおかしい」という請願権を住民は持っている。

その学習会で保護者の問題意識がはっきりとし、「守る会」をつくろう、みんなでがんばろう、という気持ちになったそうです。会は「アメーバ型組織」として、代表が責任を取ったり、上で命令したりする組織にはしませんでした。

学習会に集まった保護者達はＳＮＳ（ソーシャル・ネットワーク・サービス）で連絡を取り合い「教委による次の統合説明会は、質問をあげる人が終わればそれで終わってしまう。みんな集まってほしい」と手づくりのニュースを印刷して約六〇〇〇世帯の小学校区に全戸配布することにしました。

今西さんは配布に一週間はかかると考えていましたが、チラシを学校に取りに来てください、とＬＩＮＥなどで流してから二時間後には配り終えたそうです。多くの保護者だけでなく子どもたちが一緒に配ったのでした。

体育館での説明会には四〇〇人の参加者がありました。その中には五～六年生を中心に子どもたちがたくさん含まれていました。市教委は、「子どもには聞かせたくない」、と主張しましたが「子どものことを話し合うのに、いるのは当然」と子どもたちを中心にして大人たちが周りに座りました。母親たち、父親たちと次々と熱い発言、途中で子どもも発言、説明会は五時間に及びました。保護者には、小、中、高が地域にある文教地区だから家を買ったのに「小学校がなくなるなんて」という気持ちが強くありました。結局、教育長は、これが最後の説明会だと言えなくなってしまい「持ち帰って相談させてください」ということになりました。

その直後から、会は子どもたちの声などをまとめたニュースを五回全戸配布し、ポスターをつくります。地域の店のレジに募金箱を置かせてもらって印刷代を集めたところ、たくさん集まりました。そのポスターを家々や自動販売機に張りましたが、統合に賛成議員の周りの家にも多く張ってもらいました。

その後、会のメンバーが教育委員会と市議会議員に直接意見を言いに行く行動をとったことで事態が劇的に変わったそうです。アポなしで学事課長に毎日違うメンバーが質問に行き、議会へも五～六人で毎日各議員を回りました。「子どもたちの作文を読んでやってください」と二〇日間連続してお願いしました。保護者たちは政党や会派がなんであるかよく知らなかったので先入観がなく、ある保護者は議員の対応によって採点表をつくったりしました。そんな中、ある保守系議員が保護者たちに「昼食でも」と誘ったことをきっかけに、多くの議員が次々とそのような行動をとるようになり、その後の議会で、会派を越えて統合計画の見直しを求める声が出されました。

今西さんは、「勝ちましょう。大丈夫です」「自分の子どもがそれをどんなふうに受け止めているのか。一度子どもの声を聞いてください」と声をかけたそうです。

保護者が心配しているのは自分の子どものことで、途中で学校がなくなって、友達関係やいじめはどうなるのかが、一番多い心配だったのです。また大阪で起きた統廃合を止めようとした小五児童自殺のことも気になっていました。

若い世代は自分が声を上げて何か変わる体験をしたことがありません。まず、担任や校長に相談して、そこでだめだと聞かされて動きが止まっている人が圧倒的に多いのです。でも誰かが声を上げて、声を上げ始めれば状況が変わっていくことがわかれば、劇的に変化する可能性を秘めているのです。この、当事者が立ち上がれるかどうかということが、決定的な意味を持っています。

同じように、枚方市、武蔵野市、四万十市などでも、対抗軸となる運動において当事者である保護者の学習と共同が決定的な意味を持ちました。四万十市では、三人の保護者が立ち上がったことが大きな運動が起きるきっかけとなりました。いずれもチラシの全戸配布やSNSが大きな役割を果たしています。学校選択制や小中一貫校のような新自由主義的な教育改革は、時には事実に基づかない「うそ」の効果を宣伝して行われるため、正しい情報提供が不可欠になります。

また、進めている行政自体も事実をつきつけられると意外ともろい面も持っています。

*

川西市の今西さんは、一九九〇年代後半以降、自治体労働が新自由主義的に劇的に「改革」された時期に、日本自治体労働組合総連合の本部で活動していました。そこで、全国で職場の悩みを訴える自治体労働者のところに駆けつけ、悩みを聞いて職場に組合を結成する仕事を一〇〇件くらい手掛けたそうです。今回のこともそれに似ていたといいます。

改革の全体構造を理解し、行政の制度を熟知している自治体職員（そのOBも）も運動のキーパーソンになりうることをこのケースは教えてくれます。

保護者の共同のきっかけをつくるのは、教職員、そのOBである場合も多いのです。アメリカのいくつかの都市では、新自由主義的教育改革の全体構造を学んだ教員組合のメンバーが学校統廃合や学校民営化とたたかう市民の共同の中核となっています（注2）。ただし日本では教職員管理が徹底している自治体が多く、教師たちが表立って運動できない事情もあるでしょう。それでも本書のいくつかのケースは、教員組合によって全面的にサポートされていました。教育学的な知見や小規模校の価値についての情報提供は、保護者の運動に確信を持たせました。四万十市では、教師が他地区の統廃合協議会の全会議録を資料として保護者たちに提供しました。無理な統合で中学が荒れてしまった前例の情報を示したのです。また教師による小中一貫校の詳細な実態分析

（第7章参照）は重要な情報を提供しています。愛媛県の島の分校では、教師たちが中心となり、全力を挙げて存続のための活動を行いました（第13章参照）。現在、各地で高校再編が急速に進められ、入学者が数年間定数割れしたら自動的に廃校にする府県が増えています。そんな中、一つの運動のモデルといえるでしょう。いずれも、今の魅力的な学校を守りたい、という教師たちの熱い思いに裏付けられています。

また、学校を守る運動は、地域づくり、地域の未来を考える運動と一体化していく必要があるのでしょう。ニュータウンの将来を考える住民の共同や、過疎地の地域コミュニティを守る運動が、地域の小規模校、特に小学校を守ろうとする力となりました。人口減少をつきっけられて絶望的になる地域が出現している中、子どもが育ち人間が生活する生活圏としての地域コミュニティの価値を見直す必要があるのではないでしょうか。

（注1）科学研究費基盤研究（B）梅原利夫代表　二〇一二～二〇一四年「小中一貫教育の総合的研究」、二〇一五～二〇一七年度「小中一貫校の総合的研究」、二〇一八～二〇二〇年度（予定）「小中一貫校の総合的研究――制度と実践に着目して」。

（注2）堀尾輝久、山本由美、横湯園子編著『学校を取り戻せ！――シカゴ、足立、貧困と教育改革の中の子どもたち』二〇一六年、花伝社、参照。

第2部　保護者、住民、教師が小中一貫化を止めた

第2章　学校はコミュニティの中心

――保護者、子ども立ち上がり白紙撤回　兵庫県川西市

今西清

「もう夢中で、できることは全部やりました。よかったです。小学校が残る、ずっと通えると子どもも喜んでいます」「ママだけではなく、パパたちがどんどん声を出すようになったのが力になりましたね」「教育委員会が統廃合を一方的に決めるのではなく、今後は学校と教育をどうするのか、みんなで民主的に話し合っていくことを求めています」

川西市教育委員会が小学校統合計画を凍結すると決めたときの保護者の声です。

児童数の減少を理由に小中一貫教育のメリットを打ち出し、四つの小学校を二つに統合するとの川西市教育委員会の方針を、保護者と住民は、小学校のリストラがその「本命」のねらいだと批判し、地域の未来のためにも小学校が必要だとがんばって、二〇一六年六月に統廃合案を凍結させました。その後、二〇一八年一〇月の市長選挙では「小学校統廃合計画を白紙にする」を公

約する市長を誕生させ、二〇一九年四月には市広報誌で正式に統合計画の白紙方針が公表されました。

1　川西市教育委員会が小学校統廃合方針を出す

川西市教育委員会は、多田《ただ》グリーンハイツ地域にある緑台《みどりだい》小学校と陽明《ようめい》小学校が二〇一八年度には児童数の減少により三四人以下の単学級になり、また清和台《せいわだい》地域にある清和台小学校と清和台南小学校でも二〇一九年度には同じ事態になり、それ以降は児童数が増える見込みはないとして、文科省の通知（平成二七年一月二七日文部科学省「公立小学校・中学校の適正規模・適正配置等に関する手引の策定について・通知）にもとづき、四校を二校にする小学校の統廃合をすすめるとの方針を出しました。兵庫県では小学校一年から四年までは一学級三五人として教員配置基準を決めているからです。

小学校統合方針の決定は二〇一五年八月二七日に開催された平成二七年第一七回川西市教育委員会（定例会）で、五人の教育委員全員賛成で可決しました。市教育委員会は、小学校の統合により単学級の問題が解決され、中学校区と小学校区が一致することで「中一ギャップ」がなくなると、メリット面を強調して説明しました。多田グリーンハイツ地域では小中一貫教育、清和台地域では小中連携教育が進むとしました。

圧倒的に多くの保護者が反対したのは、多田グリーンハイツ地域が小学校、中学校、高校が公立で揃うことから文教地域として住宅販売が行われ、それを魅力に感じて転入している人が多いからです。この地域は、高度経済成長期に大阪市の郊外として団地開発が大規模に行われ、同一世代がまとまって転入してきたために、高齢化率が四〇パーセントを超えて、「オールドタウン」になっています。同時に、大阪の近郊ということから通勤の便も良く、最近になって若い世代の転入も多く、地域全体としては世代交代が進んでいるのです。

こうした地域の実態を見ない川西市教育委員会による小学校統廃合計画に対し、せっかく小学校があるから転入してきたのに緑台小学校がなくなるのは困る、世代交代が進んでいるのに小学校がなくなれば地域全体に衰退が進み、今後は若い世代が入ってこなくなるとして、多くの住民が反対したのです。

2　背景にある公共施設等総合管理計画
――一方では人口増のための地方創生総合戦略という矛盾

川西市での小学校統廃合計画の背景の一つとして、二〇一六年一一月に策定された川西市公共施設等総合管理計画があります。公共施設の更新周期を六〇年とした場合、今後四〇年間で総額約一九八四億円、年間あたり約四九・六億円の費用がかかるとしています。そのうち公共施設に充当できる投資的経費は二九・五億円であり、そこから「公共施設の削減率二三パーセント」を目標としています。

公共施設全体のなかで、学校教育系施設が、四五・七パーセントあり、教育サービス水準の維持、向上の観点から、今後の児童・生徒数の減少に応じた学校規模の適正化や校区の統合に関する検討を進めるとしています。ただし、基本目標を次世代につなぐ魅力ある市民サービス――対話を通じた公共施設等の最適化――として、市民等との丁寧な対話を行うとしているのが注目されます。

この計画は人口が総体的に減少しているとしていますが、個々の地域の人口推移や世代の状況までは分析していません。その結果、小学校の統廃合計画が、地方創生総合戦略と連携せず、若い世代の転入で人口を増やそうという政策の効果を全く反映していないものとなっていました。保護者や住民は、その地域での人口増政策も示さないまま、小学校がなくなれば地域は衰退していくと反対しているのです。

3　最後の説明会にはさせない

多田グリーンハイツと清和台での住民説明会は、二〇一五年から各学校で二回開催され、二〇一六年五月予定の三回目の説明会を最終にして、小学校統廃合に着手するとしていました。

最終説明会を目前にして、緑台小学校の保護者の皆さんが私に学習会を依頼されました。「かわにしまちづくり研究会」として、小学校の統廃合と地域をテーマにした「まち研カフェ」を行っていたのですが、その案内チラシを通じて、まず一名のＰＴＡの母親が私に連絡をとってこられたのです。

五月七日には保護者のみなさんが自主行事として学習会を開催し、「川西の教育を考える会」の私が講師となって、市教育委員会の方針が保護者や市民の声をじゅうぶんに聞いて作成されたものではないこと、先の市長選挙や市議会選挙では小学校統廃合問題が全く触れられておらず、市民の意見がまったく反映される機会がなかったこと。こうした場合には、直接民主主義で市民の意見を市政に反映させる仕組みは様々にあるが、憲法に保障された国民の請願権を行使する方法をいろいろ考えてみましょうと提案しました。その中でできたアイデアが、「緑台小学校を守る会」の結成、地域に見える手書きポスターの掲示やニュースの発行と全世帯配布などです。

さらに、市教育委員会に求めるものとして、市政が本来やるべきことは若者政策を充実させて、子ども人口を増やす努力をすること、小学校統廃合は地域を衰退させることにつながることも訴えていくことにしました。また、全教（全日本教職員組合）猪名川川西教職員組合の岡村悦子委員長からは、猪名川町の少人数学級の楽しさを具体的に聞かせていただきました。

学習会にはいっぱいの若いパパやママが集まり、「小学校を残してこそ地域の未来を守れる」、「主権者として保護者が頑張るとき。少人数学級こそ子どもたちのため」などと、参加者全員が納得するまで話し合いも行いました。

五月二二日に開催された市教育委員会の説明会には、緑台小学校の体育館に、高学年の子どもたちを含めて四〇〇人が集まりました。午前一〇時から開始され、次々と保護者や住民が市教委の方針に反対の意見をあげました。参加していた子どもたちもマイクを握って、「僕の大好きな小学校を残して」「遠い学校に通うのはいやや」と発言し、そのたびに会場いっぱいの拍手が起きました。

この説明会は二時間の予定でしたが、昼休みもとらず午後三時まで続き、最後の方はパパたちが教育長に対して、「教育は誰のためにあるのか、子どもたちのことを考えてこの地域に家を建てたのに、子どもと地域の未来にどう責任をとるのか」と詰め寄り、教育長は持ち帰り再検討したいと表明しました。

4 「緑台小学校を守る会」の取り組み

保護者と地域の住民で「緑台小学校を守る会」が結成されて、この五月二二日の市教委説明会にたくさんの住民の参加を呼びかけるニュースを配布しました。このニュースは保護者の手書きで、手分けして地域の各戸にポストインしました。

説明会の後に発行した数回のニュースには子どもたちの作文も掲載して、市長や市議会議員全員にも子どもの声を届けました。地域では、年配の女性から、「あなたたちのニュースを読んでいると涙がでてくるわ、頑張ってや」と励ましの声も寄せられるようになりました。

ニュースに掲載された、子どもたちの声は次のようなものです。

「大切な緑台小学校をずっとここに残してください。ぼくは緑小の六年でこの小学校で卒業できるけど、僕の弟やその他の下の学年が卒業できない。卒業したあとでも自分がくらした小学校がなくなるのはとても悲しいです。どうか、緑小をつぶさないでください」

「みどり台小学校にエアコンをつけてくれてありがとうございます。今からもっとがんばります。みどり台小学校をなくさないでください。ようめい小学校に行っているあいだに、へとへとになって学校にいけないので、みどり台小学校をなくしたら、こうなるのでぜったいやめてください」

「わたしは人数がすくないクラスだけど、学校がとても楽しいです。もう人数をふやしてもらう必要はないです。今のままでじゅうぶんです。緑台小学校がなくなると、とてもつらいです。子どものためにとう合するらしいけど、むりやりとう合させられるのはいやです。一人でもとう合をいやがっている人がいてもほっておくのはとてもダメなことだと思います。とう合はいやです」

「学校をなくさないでください。ぼくは小学校3年です。仲良しな友だちで遠くから緑台小学校にきている子どもがいます。陽明小学校にかわると遠すぎてちがう学校にかわらなくていけなくて、とてもかなしいです。みんなでそつぎょうしたいです。緑台小学校では2年生の時に電車の乗り方を習いました。ぼくは2年生のおわりから一人で電車に乗るようになりました。緑台小学校のおかげです。ぼくたちの大事な小学校をなくさないでください」

「アイラブ緑小（緑台小学校の愛称）」の手づくりポスターを作成して、校区内の商店や住宅に一斉に張り出し、地域の雰囲気を変えていきました。「守る会」のミーティングを公民館などで毎週開催し、学習と運動を継続しました。打ち合わせや相談会は経費節約のために、近くのファストフード店で一〇〇円コーヒーを飲みながら、特定の人に負担がかからないようにと相談を積み上げました。市教育委員会の説明会開催を受け身で待っているだけではなく、当事者としての保護者や住民の声を直接届けようと、連日市役所へ交代で行き、担当課長との面談を行いました。同じ内容でも、交代して面談することで、保護者の多くの声だということがわかるようにしました。

「緑台小学校を守る会」は、川西市教育委員会の一方的な説明で緑台小学校の統廃合を進めさせないため、当事者を中心とした取り組みを進めるために結成されました（二〇一六年五月二日のファストフード店での相談会から準備開始）。

負担が集中するので代表は置かず、数人の世話人で運営、会員はできるだけ多く、校区内在住に限定せず、携帯やスマホで連絡と情報拡散の体制をつくる。週一回程度の集まりをもち、参加は自由、提案も自由にして励まし合う関係をつくる。規約も会費も不必要にして保護者、卒業生、住民、教師に参加をよびかけ、ゆるやかなネットワーク型（アメーバ型）組織にしました。

どんな取り組みをするのか、みんなでアイデアを持ち寄って考える。全員が対等平等で民主的に運営し、緑台小学校を守るという点で一致できる様々な取り組みと連携していくこととしました。

二〇一六（平成二八）年六月市議会に向けて、「川西市教育委員会による緑台小学校と陽明小学校の統合計画に対して見直しを求める議論を進めていただくことをお願いします」と、一人ひとりの市議会議員に面談して要請しました。

「川西の教育を考える会」は、全教猪名川川西教職員組合、高教組東阪神支部、「新日本婦人の会」川西支部などで構成され、教育署名や少人数教育実現の取り組みを進めてきた団体です。今回の川西市教育委員会による小学校統廃合計画に反対し、保護者の取り組みを全市民的に支援していくために、二〇一六年四月二四日、大阪府池田市のほそごう学園の美濃辺あけみ先生を招いて「小学校統廃合を考える集い」を開催、七月二四日には和光大学の山本由美先生を講師に招いて「川西の教育を考える集い」も開催しました。

当初はもう決まったこと、統廃合はやむなしと言っていた市議会議員の態度も大きく変わり、二〇一六年三月議会では少数の議員の質問だけでしたが、六月議会では子どもたちの作文を読み上げる議員や、統廃合方針を見直せという質問や意見が会派をこえて出るようになりました。

5　署名と地域の子ども人口調査

市教育委員会は児童数の減少を小学校統廃合の最大の理由にしていたので、小学校を残してこそ子どもの人口を増やせると反論するとともに、校区に最近転入してきた家庭はないか、就学前の子どもは何人いるのかと、みんなで手分けして実態調査も行いました。

そのなかで、転入家庭もたくさんみつかり、市教育委員会を連日訪問し児童数調査を要求しました。そして二〇一八年度の新一年生は、兵庫県が定める学級編成基準の三五人を超える四二人になることが判明しました。

教育委員会は、二〇一六年六月二三日に開催された定例の会議で、児童数の推計に誤りがあることを認めて、緑台小学校だけではなく四つの小学校すべてで統廃合方針が凍結されることになりました。

六月二三日の教育委員会では、「学校統合に関する再検討について」を協議事項として、(1)これまでの課題について、①児童推計の検証について、②統合へのプロセスについて、③保護者や地域住民への説明プロセスについて整理したうえで、(2)今後の対応について、①児童推計方法は、再検討する、②両地区における統合方針は変更しない。ただし、現時点で示している統合年度は再検討する、③校区審議会による再審議はしない、としました。

七月一一日には川西市のホームページで、「平成二八年六月開催の教育委員会定例会で、先の小学校統合に関して再検討する旨の決定をいたしました。これまで、学校統合に関わり、保護者や地域の皆様に対しまして、ご心配、ご迷惑をおかけしましたことをお詫び申し上げます」と教育委員会事務局のコメントを出しました。

6　住民こそ主役、民主主義の勝利

二〇一六年七月一日に「川西の教育を考える会」は、「教育委員会は統合自体を取り消してはいませんが、告知していた二〇一八（平成三〇）年度の統合は見直され、その後についても児童数が増加しているため、統合するならいつと判断出来なくなっているのが現状のようです」「まちづくりの観点からも小学校は必要です。私たちは、今後も、再び児童数の減少を理由に小学校の統合を教育委員会から提案させないために、この地域にもっともっと子どもが増えることを願っています」と声明を出しました。

川西で小学校の統廃合を許さなかった教訓は、保護者会役員が結束し若いママやパパが立ち上がったことです。それまで社会のことや政治には関心を持たなかった若い世代が、子どもたちを守りたい一心で行動し、請願権、個人の尊厳、教育権など憲法の学習も行い、自分の頭で考えて、自分の言葉で発言し、行動するようになったことです。当事者である保護者と子どもたちが声をまっすぐに上げたことが、地域でも大きな共感を広げ、同時に取り組まれた住民有志の小学校統廃合反対の署名は、五〇〇〇名を超える協力を得ています。

この取り組みを支えたものは、緑台小学校に通う子どもたちを守りたいという純真な思いと、小学校があるからこそグリーンハイツ地区の未来のまちづくりができるという世代を超えた住民全体の確信があったからです。住民こそが地方自治の主役であることが示された、民主主義の勝利です。

川西市は兵庫県ですが大阪市中心部から六〇分以内の通勤圏にあり、高度成長期に大阪から多くの住民が転入して人口が急増しました。そのなかでも多田グリーンハイツ地区の開発が一番早く、四〇歳代で転入してきた住民全体が高齢化し地域全体の高齢化率は四〇パーセントを超え、団地再生が大きな課題になり、小学校を核にした世代交代をはかれるかどうかが大きなテーマになっていたのです。

小学校に先駆けて、多田グリーンハイツ内にある市立松風幼稚園の廃止が決められていて、地域に大きなショックを与えていました。幼稚園に続いて、小学校までもなくしてはならないとの思いが地域全体に共有されたのです。手作りポスター掲示運動は、川西市で長年積み上げられてきた保育運動の知恵から来ています。

地域には緑台小学校はなくてはならない存在であり、地域コミュニティの維持のためにも、若い世代が選ぶ地域にするためにも必要との声をあげましたが、それが川西市教育委員会の決定にも大きな影響を与えました。二〇一六（平成二八）年、第一〇回川西市教育委員会（定例会）は六月二三日に川西市役所七階大会議室で開催され、小学校の統合計画の凍結（議案一七「小学校の統合について」）を可決しました。この委員会では次のような議論がされました。

事務局の説明は次のとおりでした。「校区審議会の判断指標であった二〇一四（平成二六）年五月一日時点の児童推計の状況が、時間の経過により二〇一五（平成二七）年七月時点で一定数の増加傾向を示し、平成二八年五月の最新の状況においても、答申時推計値より児童が増えていることがわかりました。原因としましては、従来の推計方法においては、転入などのいわゆる社会増の臨時的要素は不確定なため、考慮しないこととしていたことが原因と考えられます。しかし、その結果、当初の見込みの推計どおりに各小学校で単学級が発生しない可能性が高くなり、あらためてその状況を確認する必要が生じました」。

委員の一人からは「住民の方からは、統合に関しては教育的な視点、いわゆる統廃合の視点以外にも、その地区におけるまちづくりの観点を重視してほしいという意見も出ているように聞いておりますが、進め方はどのようなものでしょうか」の質問がだされ、事務局は「統合の方針につきましては、教育委員会で決定させていただきますけれども、本当にもう学校というのはコミュニティの中心でありまして、またまちづくりの観点からの検討も必要だということから、また今後、市長部局と十分な協議が必要だと考えております」と説明しています。

「川西の教育を考える会」は、教育委員会が緑台小学校と陽明小学校の統廃合計画を凍結と決めたことに対して、「グリーンハイツは川西市でも一番早く開発されたニュータウンで、いま確実に世代交代が行われています。初期に住まわれた方々は高齢期に入り、いつまでもこのまちで住み続けられる高齢者にやさしいまちづくりが求められています。同時に、次の世代のまちづくりとして持続的に発展させていくためには、若者が住むのならグリーンハイツ、と思っていただける若い世代に魅力のあるまちづくりも大きな課題です。この二つの方向のまちづくりは決して矛盾するものでも、対立するものでもありません」「児童数の減少を口実にした小学校統廃合が市教育委員会より再び提案されないために、地域のみんなの力を結集して、二つの小学校があるからこそできるグリーンハイツの未来を描いていかなければなりません。川西市には、この地域に若者が引き続き転入する魅力発信を強化していただくとともに、子育て条件の抜本的整備を要請する」との声明をだしました。

二〇一七年五月二一日に、今後の小学校統廃合の考え方や手順について、市教育委員会が説明会を緑台小学校体育館で一五時三〇分から開催しましたが、多くの保護者と住民が集まり、二四時までがんばり、あらためて小学校を守る地域の決意を明確にしました。

7　自民党推薦の市長候補が落選

二〇一八年一〇月二一日に実施された川西市長選挙では、小学校の統廃合を推進してきた前市長の後継指名を受けた自民党推薦の市長候補が落選し、小学校統廃合計画は白紙にすると公約した越田謙治郎氏が大差で当選しました。この市長選挙にあたって、「安倍改憲ＮＯ！　全国市民アクション川西実行委員会」が越田氏と懇談した後、越田氏から「核兵器と戦争の惨禍を繰り返さず平和を守るという憲法の平和原則にもとづく市政運営を行います。憲法九条の理念を尊重し、非核平和を願う市民の総意を実現していく取り組みを行っていきます」「重要な課題で住民の声をしっかりと受けとめて、政策立案、実施及び評価でのていねいな説明責任を果たしていきます」「地方自治を守り住民本位で暮らし福祉優先の市政運営を進めます（二〇一八年川西市長選挙にあたって、二〇一八年八月一〇日、越田謙治郎）」との見解が示されています。

また、「新日本婦人の会」などで構成する「明るい革新川西市政をつくる会」が、小学校の統廃合計画の白紙撤回、子ども医療費の中学校卒業まで無料になど一〇項目の要望を越田氏に行いました。これに対し、越田氏から「明るい会から要望のある住民要求が川西市政の重点課題になっていることを確認し、市民の皆様と力を合わせ、国や県にも要望して実現をめざしていきます」との回答が九月一二日に示されています。

一〇月二九日、職員や支援者らが拍手で出迎える中、初登庁した越田市長は、市役所七階の大会議室で課長級以上の職員ら約一五〇人を前に、「私は川西市を変えるために、この場所に立っています。時代が大きく変化する中で、職員の皆さんには、新しい川西をつくるために協力してほしい」と、新市長としての意気込みを語りました。

＊

二〇一九年四月発行の川西市広報誌『milife（みらいふ）№1360』には、「多田グリーンハイツ地区と清和台地区では、児童数の減少傾向が続く想定のもと、緑台小学校と陽明小学校、清和台小学校と清和台南小学校を統合することが望ましいと考え、検討を進めてきました。これまでの経過の中で、それぞれの立場からさまざまな意見があることを改めて認識し、市教育委員会としては、保護者や地域住民の声を十分に把握できていなかったこと、また、まちづくりの視点と合わせて検討する必要があることの理由により、両地区の小学校統合計画を白紙としました。これまでの小学校統合に関わり、ご心配とご迷惑をおかけしたことをおわびします」との記事が掲載されました。

第3章　「統合はデメリットの方が多い」と凍結状態に
――「親ネット」の活動から

大阪府枚方市
三和智之

大阪府枚方市は、大阪市と京都市の間に位置する中核市です。人口は、一九七〇～八〇年代に急増し、現在四〇万一〇〇〇人、世帯数は一八万であり、大阪市、堺市、東大阪市に次いで府内第四位です。小学校は、四五校（児童数二万人超）、中学校は一九校（生徒数一万人超）です。子どもの人数は、一九八〇年代にピークを迎え、現在その約半数になっていますが、二〇〇〇年代からは、若干の減少があるものの横ばいとなっています。

二〇一五年一一月、「枚方市人口推移調査報告書（平成二六年一月）」をもとに、枚方市の人口は、二〇四三年には「平成二五年に比べて約八万二〇〇〇人（約二〇パーセント）減少する」との予測に基づき、小中学校二〇校の統廃合と小中一貫校（施設一体型）の設置に関わる学校規模等適正化審議会の「答申案」が発表されました。ちなみに、財政の面からは統廃合計画の必要性は論じられておりません。

教育委員会は、二〇一七年六月「基本方針」を決定しましたが、「答申案」発表の直後から、保護者、住民の運動がひろがり、教育委員会のスケジュール通りには進まず、当初の案を変更し、小中一貫校の項目は削除、統廃合計画は当面二校としました。しかし、現在、保護者、住民の声に押されて、凍結状態となっています。この状況をつくりだした力は、保護者や住民、教育関係者が「子どもたちのために」と声をあげてきたことにあり、その一翼を「統合と小中一貫校を考える親のネットワーク～ひらかた（通称、親ネット）」が担ったことは嬉しいことです。

二〇一六年二月からスタートさせ、目の前のことに必死でとりくんできた「親ネット」の活動と、なぜ、凍結状態に至ったのか、その一端を紹介します。

1 「親ネット」の結成と活動

突然、学校規模等適正化審議会の「答申案」発表

二〇一五年一一月に、審議会の「答申案」が発表されました。審議会の会議は、非公開（後日公開）だったため、保護者、住民には全くわからない中での発表でした。この「答申案」は、小中学校二〇校を対象に統廃合計画を掲げ、「早期にとりくむべきこと」として、「高陵小学校と中

宮北小学校を統合」すること。また「山田小学校、山田東小学校、交北小学校を統合し、山田中学校と一体の施設一体型の小中一貫校」を設置する案でした。

突然の発表に、名前が挙がった小学校の保護者からは、「学校がなくなるの？」「学校が遠くなるなら、引っ越しを考えないと」など不安がひろがりました。「答申案」に対するパブリックコメント（二〇一五年一二月）には、「なぜ小規模校が問題なのか」「小規模校にはメリットがある」「地域、児童、保護者、教員の充分な話し合いが必要」「オープンな形で審議を行うべきだ」「二〇日間のパブリックコメントで決めることではない」など、年末の忙しい時期、短い期間にもかかわらず、異例の九〇〇件を超える意見が寄せられました。

保護者の動きがはじまる～「親ネット」の結成

各学校の保護者が、教育委員会に電話をかけて内容を問い合わせる、教育委員会に説明を聞きに行く、「答申案」を教育委員会に印刷してもらい小学校門前で配布する、ＰＴＡ会議での話し合いやＰＴＡ会長の間でも意見が交流されるなど、関心をもった保護者が動き始めました。

そうした中、二〇一六年二月、「枚方・子ども会議」（教組を中心とした教育と子育てにかかわる市民団体・個人などで結成された団体）主催の「統廃合と小中一貫校」の勉強会に参加した保護者が、「他校の状況も知りたい」と、連絡先を交換し、「親ネット」の結成へとつながりました。

学校も、状況も違う中でも、数名の保護者が時間を調整し、ファミリーレストランに集まり情報交換（五〜一〇名程度）を行い、多いときは、毎週のように集まったこともあります。集まった保護者から「まだ決まったことではないから……」と学校内で話題にすることが難しいことや、日々のPTA活動に追われて、統廃合の問題まで話し合えないことなど、たくさんの問題が出されました。

ファミレスの一角で、枚方市や教育委員会のホームページ、全国のとりくみを、保護者自身が調べてきたことを持ち寄り、資料を広げて情報交換が行われました。そして、「反対だけでは、多くの人とつながっていけないのでは……」などの話し合いを重ねた結果、「賛成」「反対」ではなく、「保護者の理解なく進めないで」という思いを大事にすること。また、学校の枠を超えて、交流と勉強の場をつくろうと意見が一致し、「統合と小中一貫校を考える親のネットワーク〜ひらかた」を二〇一六年二月に結成しました。

「勉強と交流」を大切にとりくむ

「親ネット」では、「事実を知らせること」「一緒に考えること」「つながりを深めること」をモットーに、「勉強と交流」の場を大事にして活動をすすめました。これまで「みんなで考え交流しよう〜統合と小中一貫校」「統合と小中一貫校〜交流会」「子どもの学校・教育〜しゃべり場」など、一〇回の交流会（二〇一九年五月現在）を開催しています。

「交流しやすいように」「子どもの参加もできるように」と、喫茶店でケーキを食べながら開催。

交流だけでなく、兵庫県川西市での統廃合計画をストップさせた経験や、京都での統合や小中一貫校の話なども学ばせていただき、最近では、学習指導要領や道徳教育、英語教育などの問題点についても勉強しています。

また、「過密・大規模校」の現状を知ろうと、市会議員のお力も借りて、枚方市内の大規模校（約九二〇人）である小学校へ視察を行いました。

「できることをすべてやろう！」

「親ネット」の打ち合わせで、いつも話題になることは、現状が正しく伝わらず、関心の持てない保護者や住民、これから入学する子をもつ保護者など、多くの方が、いまの状況を知らない、知らされていないということです。だからこそ、「親ネット」では、情報提供に努力し、「できることをすべてやろう！」と行動してきました。

教育委員会の住民説明会が開催される時など、統合と小中一貫校計画をわかりやすく掲載したチラシを作成し、「早期にとりくむべき」とされた高陵、中宮北、山田東、交北小学校の全世帯（約一万世帯）に、住宅地図に蛍光ペンで、一軒一軒チェックをしながらチラシを配布。「基本方針（素案）」に対するパブリックコメントの開催時は、該当校の地域にチラシを配布。また、市内の公立保育所の保護者全員にもチラシを配布してきました。

教育委員会主催で開催された住民説明会には、「親ネット」のメンバーで分担して参加し、メ

図表3―1　取り組みの経過概要

	親ネット	枚方市教育委員会等
2015年11月		•「学校規模等適正化審議会」答申案公表 •パブリックコメント公募 意見集中(約900件)
2016年2月	親ネット結成	•PTA、地域コミュニティ会長などに面談
3月	第1回学習交流会を開催（その後10回開催） 統廃合案周知チラシ配布	•「学校規模等適正化審議会」答申公表
6～7月	住民説明会に、11カ所に参加 説明会周知チラシ配布	•統廃合該当地域で住民説明会を実施（11校開催、時期を変えて1校開催）
8月	説明会を受けて交流会、要望書提出	住民反対の声強く、強行できず
12月	大規模校への視察	
2017年2月		•学校規模等適正化基本方針(改訂版）素案を公表
3月	パブコメ周知チラシ配布	•パブリックコメント公募
5月	基本方針（素案）への要望書提出	
6月		•学校規模等適正化基本方針(改訂版)公表 ※「小中一貫校」が消える ※当面、1地域統合のみ
2018年2月		•統廃合当面とされた2校の保護者説明会 疑問、批判が続出で進まず

モを作成。まとめた文書をブログで公開しています。教育委員会が議事録を公開しましたが、すべてが書かれているわけではなく、「親ネット」で作成したメモは貴重な資料となり、多くの方が、ブログから印刷して活用してくれたようです。

教育委員会へ「要望書」を提出し願いを届ける

「親ネット」は、教育委員会に対して、これまで二回の「要望書」を提出しています。いままで「要望書」というものを作成したことのないメンバーだけに、一つひとつ確認しながら作成・提出し、教育委員会と懇談を行いました。

一回目は、住民説明会が実施された後、保護者や住民から出された主な点を五つ（①少人数学級について、②安全面について、③統合の基準について、④施設一体型の小中一貫校について、⑤情報提供・意見募集について）にまとめ、四つの要望（①説明会で出た疑問、質問、要望に応えた対応を、②説明会の議事録を公開し情報提供を、③答申を凍結し、保護者や市民の疑問にこたえないまま拙速に基本方針にまとめないで、④「親ネット」と懇談を）を求めて作成した「学校規模適正化等審議会答申の凍結を求める要望書」（二〇一六年八月二五日）を、教育委員会に提出しました。

二回目は、教育委員会が基本方針（素案）を発表した後、「説明会を求める要望書」（二〇一七年五月二五日）として、三つの要望（①基本方針を改定する前に説明会を、②説明会をすべての学校、地域対象で開催を、③答申を審議会に差し戻して再審議を）を教育委員会に提出しました。こうした「親ネット」の活動内容は、すべてブログに掲載しています（図表3―1も参照）。

2　なぜ凍結状態に至ったのか

当初、教育委員会は、二〇一五年一二月の審議会「答申案」に対するパブリックコメントの意見を踏まえて「答申」を決定し、二〇一六年に、「答申」に基づいた教育委員会の「基本方針」を決めて、四月から統合への流れをスタートさせるスケジュールでした。

しかし、「答申案」に対する九〇〇件を超えるパブリックコメントに寄せられた意見をうけて「市民からのご意見募集の結果について」を公表。予定になかった住民説明会を実施するなど、地域や保護者の声に押され、スケジュールは大幅に変更せざるを得なくなりました。

二〇一七年に決定された教育委員会の「基本方針」には、「高陵小と中宮北小」の統合の「方策に取り組んでいく」と明記されましたが、当初二〇校を対象にした統合計画は、二校以外、明確な方向を示せず、「五年後を目途に方策を出す」という表現にとどまりました。その高陵小と中宮北小の統廃合計画も、疑問や批判が続出し、現在、凍結状態となっています。また、「小中一貫校（施設一体型）」は明記せず、教育委員会は現在、「小中一貫校のメリット、デメリットがハッキリしない」と述べ、住民説明会での説明とは、全く違うものとなっています。

こうした現状をつくりだした背景には、保護者、住民、教育関係者など、たくさんの個人や団体の働きかけや運動がありました。そのすべてを網羅することはできませんが、凍結状態に至った経緯で、大事だったと感じている事柄を三つ紹介させてもらいます。

学校の枠を超えて保護者が交流できる場・励ましあう場が力となった

二〇一六年三月、「親ネット」で第一回「交流会」を開催しましたが、この交流会が重要でした。交流会には、様々な学校から約三〇人の保護者が参加してくれました。参加した保護者から、「大変、貴重な意見を聞くことができてよかった」「個人では力不足なので、横につながって、協力して、より良い方向に向かっていけることを望みます」「いろいろな噂《うわさ》がとびかう中で、とてもためになる話が聞けてよかった」「統合ありきと考えていましたが、統合してのメリットより、デメリットの方が多く、問題解決できそうにない……かな。小中一貫校も同時に、子どもにメリットより、デメリットが多いという話を聞けて、とてもよかったです。がんばって、統合に反対しなければと思いました」などたくさんの感想が寄せられました。

交流会後、ある保護者は、「もう遅いと思っていたけど、あきらめなくていいんですね」と声をかけてくださいました。保護者の中で、「もう決まったことでは」「今から反対しても、仕方がない」などの声があったこの時期に交流会を開催できたことは、その後の運動を進める大きな力となりました。

「親ネット」という保護者のネットワークができたことも大きな力です。保護者は、仕事も抱えながら、子育て、地域の行事や習い事など、日々忙しい中で生活しています。学校のことについて関心があっても、考える時間、交流する時間が取れない状況におかれています。そうした中、「親ネット」は、学校の枠を超えて、交流できる場、励ましあう場となりました。同時に、他の学校のことにも関心が寄せられ、枚方市内全体に、視野を広げて考える場ともなりました。また

ＰＴＡでは、校長先生など学校関係者が関わっているため、行動を起こすことに様々なハードル

がありますが、「親ネット」は、自分たちの自由なアイデアで、行動を具体化できる場となり、先にあげたような活動ができたのだと感じています。

保護者と住民が力をあわせることができた

凍結状態となっている最大の力は、保護者と住民が声をあげたことです。そして、声をあげ、共同の輪を広げる最大の舞台となったのが各学校で行われた住民説明会でした。

住民説明会は、開催する予定ではありませんでしたが、議会や地域、保護者やＰＴＡ、学校の中からも、「開催すべき」という声がひろがり、二〇一六年六月から、小中学校一二校で開催されました。住民説明会に参加した保護者、住民は、全会場の合計で七八五名です。

説明会では、保護者から「学校が遠くなり、一年生の足で、片道一時間かけて通わなければいけない」「冬は暗くなる時間も早い。行きは集団登校でも帰りは？　暑い真夏はどうなるのか、金曜日は、両手いっぱいに荷物を抱えて、水筒のお茶もなかったら」「防災の拠点の学校がなくなると心配」「小規模校にメリットを感じてもデメリットを感じない」などの声があがりました。住民の方々からも、教育委員会の説明に、「しっかりと説明を」「理解できない」と迫る場面もあり、保護者と住民の思いや願い、不安や怒りが共有され、共同の輪が広がる重要な場となりました。

地域・学校で共同したとりくみが生まれる

小学校の統廃合は、地域コミュニティの再編にも関わってきます。枚方市は、一九八七（昭和六二）年に、「校区コミュニティ協議会」づくりを提起し、現在四五小学校区すべてに協議会が結成されています。協議会では、自治会など各団体の情報交換とともに、大規模地震に備える災害対策、子どもの安全対策、青少年の健全育成など、日々とりくみが行われています。こうした活動に関わっている地域の方々から「保護者の理解なく進む統合はダメだ」など、たくさん声が出されました。

統廃合と小中一貫校化の対象校とされた山田小学校では、保護者が、「子どもたちの学校をなくさないで」「何かできることはないか」と、「親ネット」に連絡をしてくださったことをきっかけに、「山田小学校の存続を望む会」を結成し、「山田小学校をなくさないでください」とする署名を作成しました。住民の方が、「学校を守ろうと、小さい子どもを連れて、夜な夜な署名を集めているお母さんの姿をみて、地域の大人が黙っていたらあかん」と後押ししてくれ、コミュニティ協議会や自治会で署名が回り、一カ月余りで、八四五九人分の署名を集め、枚方市に提出（二〇一六年一〇月二四日）しました。現在、コミュニティ協議会の一員として「会」の活動を進めています。

また、中宮北小学校では、コミュニティやＰＴＡなどでつくる中宮北小学校統廃合問題検討委員会がつくられ、勉強会の開催や教育委員会と議論が交わされていますが、疑問や批判が続出しています。各地で、保護者と住民が力を合わせたとりくみが生まれていることは重要な動きです。

3 教育委員会の姿勢を変えさせた背景に以前の運動があった

教育委員会が一定、姿勢を変えなければいけなかった背景には、二〇〇〇年に三校を廃校にした出来事も影響しています。

一九九九年に発表し、二〇〇〇年三月に廃校となった村野小学校と村野中学校の廃校計画には、PTAぐるみで大規模な反対運動がとりくまれました。また、二〇〇〇年に北牧野小学校が廃校となり、牧野小学校に統合されましたが、廃校になった北牧野小学校地域に大規模な住宅が建設され、小学生が急増し、統合された牧野小学校では、プレハブでの授業が強いられました。当時の強引な教育委員会の動きに、各地で相当な反発が起こりました。

そのような背景も影響し、今回、教育委員会自身が様々な場で「村野のような強引なことはしない」「合意を得てからすすめる」と表明しています。二〇〇〇年のPTAや保護者、住民による大規模な統廃合反対の運動が、教育委員会がスケジュールや内容の変更を余儀なくされた背景にあると感じています。

現在、凍結状態となっていますが、いつ統廃合計画が進められるかわかりません。「親ネット」は、枚方市や教育委員会の動きを注視し活動を進めていきたいと思います。

同時に、枚方市は市独自の施策もあり小学四年生まで少人数学級編成になっていますが、この少人数学級編成を、小学六年生まで行えば、クラス数が増え、統合対象の小規模校が、「適正規模校」になるなど状況を大きく変えることができます。「親ネット」は、「少人数学級拡充を求める署名」活動にも奮闘中です。今後、全国の取り組みにも学び、子どもたちが安心して通える学校をつくっていくために、粘り強く取り組みを進めていきます。

第4章　強引な教育委員会に反発
——PTA有志含む住民世論で議会でも逆転劇　福井県大野市

山本久徳、長谷川浩昭

1　再編計画（素案）のとんでもない変更

大野市は、福井県の東部に位置し県の五分の一の広い面積を占め、その九割は山林となっていて緑豊かな盆地を形成しています。市街地は、湧水豊かな北陸の小京都といわれる碁盤の目の城下町です。人口三万四〇〇〇人弱で、小学校一〇校で児童一五〇〇人余り、中学校五校で生徒八〇〇人余りが通学しています。

その大野市で、学校再編計画が持ち上がりました。市の再編審議会が諮問を受けてつくった「再編計画（素案）」は二〇一五年二月に策定されました。その内容は、小学校については、第一次再編として二〇二〇年度までに六校を三校に、中部縦貫道開通時（現在整備中で二〇二二年開通予定）の翌年に二校を一校に、第二次再編として二〇二九年度までに一〇校を二校にするものです。また、中学校については、二〇一八年度までに五校を二校にするというものでした。しかもその大前提となるのは「時間をかけて地域協議をすすめ、住民の合意ができた地域から」という条件付きでした。

ところが、一年半後の二〇一六年八月にとんでもない「再編計画（案）」が唐突に提示されました。その内容は小学校については、素案より三年前倒しで二〇二六年四月に一〇校を二校に再編し新築するものでした。また、中学校に至っては二〇二三年に遅らせたものの五校を二校にとしていた「素案」を一方的に翻して一気に一校にして新築するというものです。これは再編審議会の「再編計画（素案）答申」を意図的にねじ曲げて、何の審議も合意もなく大野市教育委員会が強引に押しつけた点、またそれを強行するためまともな民主的手続きをしないでの再編推進協議会を設置しようとした点で二重にひどいものです。

「大野の未来を考える会」は、このような計画が進む中、大野の子どもたちによい教育環境を整え魅力的な学校や地域づくりを目指すためにみんなで考えていこうと、「再編計画（案）」発表と同時期に第一回「学校再編と大野の未来を考える市民集会」を開催し活動を始めました。

2　保護者・市民から疑問・異論・反対意見が噴出

このような「再編計画（案）」提示に対しては当然、各地区説明会（市教育委員会主催）のほとんどの会場で保護者・市民から疑問・異論・反対意見が噴出し、激しいやりとりも飛び交いました。当該の中学生自らが反対を訴えたり、高校生が「少年の主張」で疑問を説得力あふれる堂々とした弁論で訴える場面もありました。市教委の説明会の内容が納得できるものでないということを裏付けるデータとして、大野市小中学校ＰＴＡ連合会が全保護者・教職員に賛否を問うアンケートを説明会前後で集約した結果があります。小学校で反対が三八・七パーセントから四三パーセントに増加、一方、賛成は一〇・〇パーセントから九・一パーセントに減少しました。中学校ではさらに反対四五・五パーセントから五六・五パーセントと大きく増加し、賛成が九・六パーセントから八・二パーセントに減少しました。つまり、市教委が説明すればするほど、「反対」が増え、「どちらとも言えない」「賛成」も減っていったのです。

また、小中学校再編に関するパブリックコメント募集では、異例の二六五件（五八名・二団体）もの提出がありました。しかし、市教委の対応はというとまともに教育委員会で審議や検討すらされず、事務局が計画案説明会の内容の繰り返しを文書にまとめて回答するだけのものでした。市教委の回答の内容は、①再編理由については「適正規模にするため」の一点張り、②通学方法については「これから検討していく」というきわめて無責任なもので、③財政的な理由については「すべて建て替えるよりも統廃合で新築すると財政負担が半分で済む」という経済効率最優先という考えであり保護者や市民の声を一切反映させようとしない姿勢が浮き彫りになりました。

3 「再編計画（案）」に対する取り組み

こうした一方的な「再編計画（案）」に対して私たち「大野の未来を考える会」は大野市長に対して再編計画の見直しを求める陳情署名に取り組みました。二〇一六年の一二月議会前に陳情するために取り組みを決定してからわずか三週間しか活動期間がなく、大野市在住の有権者（約二万八〇〇〇人）署名にこだわったため目標は一〇〇〇筆としました。陳情項目は、「再編計画（案）」を白紙に戻す、校区に検討会を設ける、話し合いを尊重するというシンプルなものでした。当初から、大野市職員や義務教育関係者に対しては、行政から、軽率な対応を控えるようにという指示が出されていたようですが、署名については当会に賛同してくださる協力者が口コミで増え、目標を大きく上回る三〇六二筆を集約し議会前の一一月に提出することができました。このことは、マスコミ各社に大きく取り上げてもらうことができました。しかし、市長は提出の際、庁舎内に滞在していたにもかかわらず、副市長に対応を任せて自らは出てこないという不誠実な姿勢でした。回答についても一切私たちと会おうとはせず、議会終了後に代表宛に回答書を郵送してくるだけでした。その内容も「教育委員会の判断を尊重」するというだけのものでした。

また、一二月市議会に対して賛成と反対の立場から双方の地域の陳情が提出されました。まず、和泉地区の自治会などの陳情と同地区保護者会などの陳情二件はいずれも再編反対の立場から白紙撤回を求めました。この地区はもともと和泉村から大野市への「平成の大合併」の条件として、 学校は存続させるという協定書まで取り交わしていました。それにもかかわらず、和泉地区の小 中学校を「中部縦貫道路が開通したらスクールバスで一時間あれば通える」という理由で存続しないとしたことに対して、地区上げての怒りがわき起こったのは当然の動きであるといえます。この二つの陳情は議会の審議では両方ともに「継続審査」とされました。理由は、「陳情署名に対する市長の回答がまだされていないから」ということでした。

一方、市長のお膝元である阪谷地区区長会からは賛成の立場から再編推進の陳情が提出されました。ただし、住民の多くはこうした陳情が出されることに合意もしていなければ知らされてもいませんでした。議会では「官製陳情ではないか」という追及もありましたが、こちらの推進陳情の議会審議では残念ながら「可決」され「継続審査」とはなりませんでした。その結果、議会では再編推進の意思表示が押し通された形となったのです。

4 「再編計画（案）」決定の強行と反対の声の高まり

年明けの二〇一七年一月一九日に大野市教育委員会で「再編計画（案）」が審議された結果、残念ながら学校数も設置時期も一切変更なしで保護者・市民の反対を押し切って正式決定が強行されてしまいました。その日の直前に行われた総合教育会議で出席していた市長のコメントでは、「再編を早くすればするほど有利な（公共事業向けの）補助金（地方債）が（国から）もらえる」と、安心してか本音を吐露しました。

私たち「大野の未来を考える会」は、こんな納得のいかない、多くの保護者・市民の理解も合意もない再編計画の決定が強行されたことに対して、反対の意思を示す市民集会を二月に開くことを決めました。この第三回市民集会「大野みらいフォーラム」では、パネラーとして、和泉地区代表が地域の死活問題であることを、小中学生の保護者からは地域の学校を存続してほしいことを、退職教職員からは小規模校のメリットを、それぞれ切実に訴えました。また、地域の市民劇団によるオリジナル創作劇「もし学校がなくなったら」の友情上演も行われ、これまでにない二五〇名の参加者による熱気と意気込みが見直しを求めて、あきらめず活動していくことを誓い合うものとなりました。このフォーラムが新聞・テレビなどでも大きく取り上げられ、市民の中にあった「もう決まってしまったのか」などのあきらめ感を払拭《ふっしょく》することとなったのです。

5　三月市議会で画期的な逆転劇が起こる

私たちの市民集会「大野みらいフォーラム」の大成功を背景に、三月市議会に向け、決してあきらめない父母（ＰＴＡ有志）・各地域・市民、教員（ＯＢ）・議員の取り組みが勢いをつけてきました。

まず、継続審査中の和泉地区からの陳情二件については、コミュニティの崩壊という点で引き続き審議されたのを始め、白紙撤回・見直しを求めて新たに請願二件と陳情五件の合計七件を提出することができました。継続と新規をあわせると合計九件もの陳情・請願が関係各方面から市議会に集中した状況をつくり出すことができたのです。新規に提出されたのは、小規模校を中心とする三つの地区の保護者（ＰＴＡ）有志から三件、市民グループとして市中心地の学習塾などの方たちがつくる「学校再編を考える会」、同じく中心地の市民がつくる「市政に声を届ける会」

の二団体から二件、退職教職員有志から一件、推進陳情提出地区の地区住民（民生委員）からも、地域福祉衰退の問題につながるとの観点から見直し陳情一件が出されました。その結果、市内の小学校一〇校区のうち八校区から出されたことになり、そのうちの二件の請願については地元選出の市議会議員に紹介議員となってもらうことができました。陳情についても地元選出の市議会議員に要請に伺い、一人ひとりの議員と顔をつきあわせて議会討論での論戦や採択賛成をお願いすることで一定の感触を得ることができました。そのなかで、一部の議員からは「再編推進関連予算を全額減額」の修正案を提出するという動きもつくり出すことができました。

では、これらの審議結果はどうなったでしょうか。まず、総務文教委員会では、新たに提出された七件の請願・陳情はすべて不採択とされました。ただし、前回（一二月）市議会で継続審査とされた二件の陳情はそのまま継続審査となりました。また、議員提案された「再編推進関連予算減額修正案」も否決されました。こうした総務文教委員会の審議結果が本会議に報告提案されることになったのです。ここまでは、市長や教育委員会の思惑通りといえます。

しかし、本会議では陳情請願を提出した関係者はもちろん、多くの保護者市民が傍聴席を埋め尽くす中、議会最終日の最終本会議で画期的な大逆転劇が起こったのです。まず、継続審査も含めた請願・陳情の合計九件がすべて採択されました。また、「再編推進関連予算一二八万円減額修正案」も一転して可決されました。すべてがわずか一票差という緊迫した大僅差の、薄氷を踏む接戦でしたが、見事にあきらめず最終局面での大逆転勝利を呼び込んだといえます。こうした議員一人ひとりの良識を示すドキュメントとして、採択賛成を論じて、また予算減額を主張してなんと八議員もが入れ替わり立ち替わり討論に立ったことを特記しておきたいと思います。議会としての民主主義が問われた場面となりました。

では、こうした議会を終えて大野市長はどうコメントしたのでしょうか。これまで市長は市民の陳情署名やパブリックコメント、ＰＴＡアンケート結果に対して「民意は議会である」と豪語してきました。しかし、市長は自らが主張してきた「民意」さえも無視してあくまでも「理解を得られるよう努力する」「計画は最善最良のもの」とし、つまりあきらめない、現再編計画を見直すつもりはないことを明言したのです。

6　その後の取り組み

「学校統廃合と小中一貫教育を考える全国交流会」で感動と示唆を得た長野県阿智村の学校存続の取り組みについて、私たち「大野の未来を考える会」で先進事例に学ぶ視察ツアーを組んで研修に行ったりもしました。六四〇〇人の村で、五校の小学校、六か所の公民館と保育園を維持する方針を守っています。また、二人の市民が学校教育審議会の議事録公開を求めて提訴した裁判でも勝利判決を勝ち取ることができました。裁判所の判断は「このように小中学校の再編が進まなかった理由については、学校教育審議会において、計画自体が地域の意向を十分反映しなかったことや事前説明を丁寧に行わなかったこと等にあると検証された」というもので、黒塗りだった議事録が公開になったわけです。

一方、大野市長選挙（二〇一八年六月）では、私たちが応援（擁立）した学校再編計画白紙撤回を公約に掲げた市長候補は残念ながら当選できませんでした。しかし再編推進市長から後継指名された新市長も「見直し」を明言せざるを得なくなる状況をつくり出しました。就任後は教育長も新しく任命され検討を進めることになりました。また、大野市議会選挙（二〇一九年二月一七日）では「大野の未来を考える会」から立候補し、二位当選を果たすことができました。この選挙では、議員定数一八人中、新人七人と市長選挙に出馬した元職一人も当選し市民派の議員が圧倒的多数を占めました。これから市民の声が届く市政となることを期待したいと思います。

大野市教育委員会の「学校再編計画の見直し」検討は二〇一九年五月一二日の「キックオフ」シンポジウムをスタートに各地区でタウンミーティングが始まります。ここから、再編議論の第二ステージとなります。引き続き市民が主役となる舞台作りからの取り組みに私たちは取り組んでいきたいと思います。

第5章　子どもの現状をとらえてこそ
――市民参加で小中一貫校化を止めた　東京都武蔵野市

服部雅美

武蔵野市は、東京都のほぼ中央に位置し、人口が約一四万七〇〇〇人（二〇一九年五月現在）で、年間約一〇〇〇人ずつ増加しています。JR中央線三駅があり、緑豊かな住宅と商業・産業が集積して、住みたい街として雑誌で取り上げられています。また、古くから市民活動が盛んな街です。「市民が主役」の邑上守正前市長三期一二年（二〇〇五～二〇一七年）は、環境にやさしい街づくり、「武蔵野市平和の日（一一月二四日）」制定などを進め、二〇一七年一〇月には邑上市政を継承発展し「住み続けたい街」「子ども・子育て応援宣言」を公約にした松下玲子市長が誕生しました。市民参加を大事に、市民と超党派の市議会議員が一緒に運動しています。全国的な少子化にもかかわらず出生率は増加し、保育園待機児対策を重点に取り組み、市内の小学校では児童数が増加し、教室不足や給食提供数不足、学区域見直しなどの課題があります。現在、小学校一二校（五九一六名）、中学校六校（一八四二名）があります。

1 「小中連携教育から小中一貫教育へ」

二〇一六年三月、「武蔵野市小中連携教育推進委員会報告書」が出されました。その内容は、学校教育法改正で「義務教育学校」が創設されたことから、武蔵野市で「小中一貫教育」を導入して「四・三・二制」「教科担任制」「施設一体型義務教育学校」「特設教科・武蔵野市民科（仮称）」等を検討するというものでした。これによって六校の中学校に小学校を二校ずつ、「一中二小」の一貫校として統合することになります。教職員は委員会の存在さえ知らず、市民も市議会も突然の報告書に驚きました。しかし、前年（二〇一五年）三月「武蔵野市学校施設整備基本方針」答申では、「小中一貫教育の導入の是非、導入する場合の望ましい形態（施設一体型、施設隣接型、施設分離型）について検討」と記載が既にありました。また、「武蔵野市公共施設等総合管理計画」にも同様の記載がありました。

二〇一六年四月、市教育委員会主催の「むさしの教育シンポジウム」では、パネラーから「拙速に進めるものではない」「教育の担い手である先生方が主体的に取り組めるものを」という発言があった一方で、京都から来た小中一貫校の校長から「新しいことを始める時、市民は反対するに決まっているから、教育委員会の強い主導でやるしかない」との発言がありました。学校で行われた教職員アンケートでは「今でさえ教員間の情報共有の時間をつくることは難しい」「中一ギャップをなぜマイナスにとるかわからない。受験、就職など環境が変わればギャップがあるのがあたりまえで、それを乗り越えなければならないのではないか」「現在の六年生が『最高学年』としてリーダーとしての動きを学ぶことはとても大切」という意見が上がっていました。

2 「教育カフェ」を通して「小中一貫校」を考える会の結成へ

私たちは二〇一六年三月の「教育カフェ」(「武蔵野の教育を語る会」主催。同会は二〇一五年六月に教科書採択をテーマに第一回「教育カフェ」を開催。その後社会教育関係団体に登録。「教育カフェ」は月一回、子ども、教育のことを話し合う会)で「小中一貫教育」を知り、子どもたちにとってどのような問題があるのかを意見交流しました。また「むさしの教育フォーラム」や市民意見交換会にそれぞれ参加する中で「武蔵野市の子どもたちにとって小中一貫校は必要なのか」という疑問が広がっていきました。

保護者、教職員、市民から疑問や不安が募り、「小中一貫校の是非を考えよう」と「語る会」

が呼びかけ「武蔵野市の『小中一貫校』を考える会」（以下「考える会」）を結成しました。そして、市民参加でより豊かな教育を創造することを一致点に、以下の三点を大事に運動の輪を広げていきました。

〈私たちの主張〉（「武蔵野市の『小中一貫校』を考える会」二〇一六年夏ニュースより）

・現在の武蔵野市教育委員会のすすめようとしている「小中一貫校」は認められません。

武蔵野市小中連携教育推進検討委員会報告書は、武蔵野市の子どもの現状分析が表面的で、子どもの状況に対して、何をなすことによってどのように変えるかという道筋が示されていません。子どもの現状をとらえ、その成長・発達に必要な条件を整えることが目的とされているものではなく、公共施設の総合管理計画による学校統廃合のためのものではないかという疑問がぬぐいきれません。

・今、求められることは「小中一貫校」を作ることではなく、「小中連携教育」を合理的に発展させていくことです。

小中学校の連携教育は、現在も行われており、成果も語られています。現場の子どもや教職員の実態に即した研究・研修を行い、教育実践の自由を広げていくことが大事です。

・そのためには、教職員・保護者・市民・行政機関が、「小中一貫校」の設置ではなく、より良い武蔵野の教育を生み出すための連携を作り出していくことが必要です。

「考える会」としてニュースをつくり配布し、「武蔵野市の『小中一貫校』を考えよう――子どもたちの未来は子どもたちのために」学習会を開催しました。二〇一六年七月一八日のPart Ⅰでは、品川区・三鷹市からの報告を受けるとともに、山本由美先生（和光大学）に「小中一貫教育を検証する」とのテーマで講演してもらいました。「『学校統廃合』が『小中一貫教育』『義務教育学校』という新しい形で、総務省主導・経済効果優先で進められ、全国に波及されている」ことを学びました。八〇名以上が参加し、率直な意見が交わされ、参加者へのアンケートには「市民が知らない間に進められていることに疑問」など、多くの声が寄せられました。

同年一二月二三日のPart Ⅱでは、杉並区の小中一貫校での教員の多忙な状況、子どもの様子、高円寺小中一貫校問題が話されました。山本先生は全国の状況や「小中一貫校と普通の小・中学校を比較した大規模アンケート調査結果」などについて話され、意見交換では保護者から「もっと保護者の意見を吸い上げる方法があるといい」との声がありました。参加者へのアンケートでは「教室・校庭・体育館・放課後全児童対策の教室、学童クラブの教室……すべてがぎゅうぎゅうづめで子どもたちに負担がかかっている。そうした問題を解消せずに小中一貫ばかりに注力する市教委には本当に腹が立つ」「小中一貫に関しては、どちらでもよいと思う。方法論よりも、いまの問題は〝何のために〟学校へ行くのかを教員を含め、皆で考え直す必要があることだと思う」「施設一体型は小学校リストラにつながり、大震災の場合の避難場所がなくなる可能性があり心配」などの意見が寄せられました。

3 「ワーキングチームにおける論点整理」から「小中一貫教育検討委員会」

二〇一七年三月、市教委「小中一貫教育調査研究ワーキングチームにおける論点整理」では、小学校一二校に中学校（六校）を分割して上乗せする「一二学区の施設一体型義務教育学校」案が出て、小中学校一一校を研究協力校に指定しました。今までの「一中二小」タイプを一転して、全ての小学校に中学校を併設するという「一小一中」タイプの案でした。中学は分割されることで、これまでの半分のサイズになります。同時に出された「学校施設基本計画中間のまとめ」では「小中学校別改築、施設一体型義務教育学校（小中一貫校）建築の両方の可能性を見据え記載」し、意見募集を行いました。三月市議会で教育長（当時）は、「私たちがまだ見たことのない学校を、武蔵野市につくっていくことが必要であると考えている」と答弁しました。七月からは武蔵野市小中一貫教育検討委員会（以下、「検討委員会」）が始まり、計八回開催されました。残念だったのは「市民参加」の市であるにもかかわらず公募委員を募集しなかったことでした。

二〇一七年夏は「考える会」で「どうなってるの？　小中一貫教育inむさしの――未来をつく

る子どもたちの教育環境を考えよう」のチラシ（章末参照）を作成して、猛暑の中、市内各地に配布し「小中一貫校」問題を多くの人に知ってもらうために奮闘しました。九月市議会では、一般質問でこのチラシが取り上げられ話題になりました。一〇月の武蔵野市長選挙では「小中一貫教育」問題が争点の一つになりました。松下玲子市長は、一一月市議会定例会での施政方針で、「小中一貫教育は現在、教育委員会で検討委員会を設置し、実施の是非を検討しています。議論の行方を見守り、施設設備の観点からも意見を述べ、市の方向を定めます」と述べました。

また、一一月一九日に開催した「武蔵野市の『小中一貫校』を考えよう」Part Ⅲ学習会には、教育長（当時）、教育部長（現・教育長）、教育企画課長、調整担当課長が参加し、教育部からの説明と意見交換を行いました（武蔵野市教育委員会後援）。参加者からは「今後一〇年で児童・生徒が三割増える。この対策が先ではないか？　なぜ小中一貫なのか？」「武蔵野市は中学時に私学に進学する人が多い。転校した時はどうなるのか？」「戦後六・三制にした意味がある。教科担任制は一九五〇年代に行っていたが結果的に広がらなかった。小学校・中学校の専門性をどう考えるのか」などの声が上がりました。

この日の参加者のアンケートでは「なぜ義務教育学校かという点についてはやはり十分に納得できなかった」「子どもたちのことを考えると物理的に難しいと考える。いかに子どもたちのためになる教育を考えていくかが大切と思う」「教員の資格の問題や負担が、一切、度外視されている」と厳しい意見が出され、学習会の報告をニュースにして市教育委員会と検討委員会に届けました。

4　「小中一貫教育検討委員会」答申から「武蔵野市小中一貫教育あり方懇談会」へ

二〇一七年一二月から二〇一八年二月にかけて「検討委員会」主催の意見交換会が二四回開催され、市内一八校の小中学校で教職員への説明とアンケート、児童（小五）・生徒（中二）へのアンケートが行われました。二月、検討委員会答申では「現時点では、すべての小学校区で小中一貫教育を実施するべきか否か、実施の是非を決定する段階に至っていないと考える。そのため、教育委員会においては、小中一貫教育の実施の検討について、全市的な議論をさらに深めるよう努めていただきたい」とされました。しかし「小中一貫教育を実施する場合は、小・中学校を併設して設置する等の選択肢にも配慮していただきたい」という文言も加わりました。

この答申で「実施の是非を決定する段階に至っていない」となったことは、保護者、教職員、市民の意見が反映された結果です。一方、「全市的な議論をさらに深めるよう努めていただきたい」とあり、運動は第六期長期計画策定に向けて進めていくことになりました。

「検討委員会」の二月答申後、教育委員会定例会への報告を経て、五～六月に答申に関する市民への説明会が開催されました。説明会では参加した保護者から、「今回初めて聞いて驚いている」「中学生の子どもが『小中一貫は反対だから、お母さんに話を聞いてきてほしい』と言われて参加」「小中一貫校にすると約一億円のランニングコストが減るというが、学校の数を減らして浮かすのではなく、もっと子どもにはお金をかけてほしい」などの意見がありました。教職員組合は市教委に申し入れをしました。

「小中一貫校」問題は、市の基本計画である「第六期長期計画」（二〇二〇年度からの一〇年計画）策定に向けて持ち越され、二〇一八年七月「第六期長期計画策定委員会」が始まりました。また、市教育委員会では七月から「第三期学校教育計画（仮称）策定委員会」が準備されています（二〇二〇年度からの五年計画）。

「小中一貫校」問題は三年目に入り、第六期長期計画策定委員会の前振りとして「武蔵野市小中一貫教育あり方懇談会」（以下、「あり方懇談会」）が設置され、九月から検討が始まりました。「あり方懇談会」の委員は副市長二名、教育長、団体代表。そして二〇一八年一一月二七日、「あり方懇談会」の結論が出されて「施設一体型小中一貫校」の検討は終わりました。結論は以下の通りです。

「中学校に相当する後期課程の規模や施設一体型校舎における児童・生徒の学校生活への影響のほか、地域コミュニティ等に与える影響・課題や、防災上の課題、移行期間中の課題、現状の児童・生徒数の増加や施設設置上の課題、建設費用など、本市の学校環境がおかれている現時点での状況を総合的に踏まえると、本懇談会としては、すべての小学校区単位での施設一体型小中一貫校による小中一貫教育は実施するべきではないと判断する。

今後も、子どもを中心に考えたきめ細やかな教育を推進するとともに、これまでの小中一貫教育の実施の是非における議論や小中連携教育研究協力校の実践を踏まえ、従来の学校環境のもと、小中連携教育を含む教育課程の充実や、更なる学校における福祉機能の強化等により、これまで教育委員会が示してきた『これからの武蔵野市の学校教育に求められる目的、目標』を追求するべきである。」

5　市民はどう取り組んできたか

右のように、「あり方懇談会」が施設一体型小中一貫校を実施すべきでないという結論を出したのは、全国からみても画期的だと思います。この経緯の中では「武蔵野の教育を語る会」「武蔵野市の『小中一貫校』を考える会」が進めてきた取り組みが重要な意味を持ったと考えています。それを以下に紹介します。

二〇一八年一月一五日には、武蔵野市小中一貫教育検討委員会主催の市民意見交換会にエントリーし、むさしの子どもまつり実行委員会の協賛で意見交換会を開催しました。以下がそこで出された声の一部です。

- 教員が六年間で異動とすると、九年間の指導が一貫されない。
- 小学校の高学年でいじめを受けて、一貫校でいう七～九年生でもいじめが続いてしまう可能性がある。
- 中学校の規模が小さくなり（八九ページ参照――引用者注）、生徒会の選挙や、何か行事でいろんな係を振り当てられるとか、部活で上級生が下級生をコーチするとか、成り立つのか心配だ。
- 中学生は昼休み時間に大きく暴れるが、小学生が一緒だとしたら、別にすべきだ。部活動も同じだ。
- 私立中学への入学が増えたら、ますます中学校が小さくなる。
- 一貫にしなければいけない理由が見えない。連携を進め、子どもたちの支援になるような専門家の方を少しでも増やすという方向でいいのではないか。
- 建物をどう変えるか、狭い武蔵野でグラウンドについて具体的なイメージがつかめない。
- 今から未来を見据えてレベルアップするということだが、今の教育のままでよいのか、小中連携では何ができるのか等、その検討プロセス抜けている。
・もっと今の教育を良くするには、本当に現状で限界値なのか、検討していると思うが可視化できていない。だから、みなさんにとって飛躍した議論に聞こえるのではないか。
・中学生と一緒になると放課後の子どもたちはどうやって生活するのか、という疑問がある。一番教育に望む事は、子どもたちがみんなのびのびと生活できるような学校であってほしいし、先生ももっとゆとりをもてるとよい。
・自分の子どものときは、中学校に上がらせる怖さもあり期待感もあった。何か新しいことができるんだというわくわく感がなくなるのは逆にマイナスなのかなという印象だ。

この他にも、市教育委員会定例会、市議会文教委員会、子ども・教育に関する会議への傍聴やアンケート、パブリックコメントなどにも個々に意見を上げてきました。そして二月の答申に向けて、「考える会」として「検討委員会」に意見書を四点に絞って提出しました。

①「義務教育学校」は、今後の武蔵野市の学校のあり方として、選択することはできない。
②「百年校舎」である大野田小の建替えは二一〇五年に予定されている。校舎建替え計画はしっかり時間をかけて行える（九七ページ参照）。
③優先課題は、教育環境を壊さずに児童・生徒数増加の対応を行うこと。
④市民無視・現場の研究軽視の検討の進め方には欠陥があり重大問題である。

6　小中一貫教育あり方懇談会、そして第六期長期計画策定に向けて

第六期長期計画策定に向けた将来人口推計の見直しでは、人口は「増加傾向」と修正され、児童・生徒数も増加傾向が見込まれるという数字が出されました。私たちは策定委員会や「あり方懇談会」を傍聴し、一一月には「語る会」として「あり方懇談会」委員に意見書を提出しました。

〈第六期長期計画における小中一貫教育についての意見書〉

「小中一貫教育（施設一体型義務教育学校）の検討」は第六期長期計画の課題とすべきではない

以下の理由から「小中一貫教育の検討」は第六期長期計画の課題とすべきではないと考える。

①小中一貫教育検討委員会は小中一貫教育を進める選択をしていない。

二〇一六年度の教育フォーラムや市民意見交換会、小中一貫教育検討委員会など様々な形で三年にわたって検討が進められてきた。小中一貫教育検討委員は「現時点では、すべての小学校区で小中一貫教育を実施するべきか否か、実施の是非を決定する段階に至っていない」と答

申した。（中略）だから、第六期長期計画の課題とすべきではない。

②建替えの客観的な条件に問題がある。

これまでの貴懇談会での議論でも明らかなように、すべての小学校区で小学校と中学校を一体の校舎にすることに物理的な困難さがある。校地が狭いのではないか、という点である。（中略）また、別の観点から「一〇〇年校舎」として建てられた千川小学校と大野田小学校は、通常の小学校の二倍以上の費用をかけて建てられている。それぞれ二〇九五年と二一〇五年が一〇〇年目の年になる。仮に一体型の建築を行うとしても、二〇八〇年以降の着工が併存時期を短くする上で有効と考える。だから、小中一貫教育の検討は、第六期長期計画の課題ではない。

③無理せず有意義に「小中連携教育」を進める。

小学校と中学校の一貫した教育課程を作ることは、校舎を一体にしなくてもできることであり、これは何度も説明されているように学習指導要領の元に作られるものだから、そもそも分裂したものではない。児童の状況の引き継ぎは指導要録で地球上どこに行っても、的確に引き継ぎされるもので、校舎を一体にする必要はない。さらに詳しい引き継ぎが必要なら、別紙で行うことや直接面談して行うことは、これまでも行われてきていることである。「相互乗り入れ」の授業をするために、教員が移動するのに校舎が離れていると時間がかかるというが、そもそも一番時間をかけなければならないことは、移動ではなく授業を行う児童・生徒の把握である。中学校の先生が無理に小学校で授業を行うこと自体負担が大きい。中三の生徒に話しかける言葉と小五の児童に話しかける言葉や話題は同じではない。文化が違うのだ。そこに、それぞれの教師の専門性がある。それを無視するところに無理が生じる。そのような無理をせず、子どもにとってよりよい教育環境を作るための連携の検討こそ課題ではないだろうか。

二〇一八年一一月二七日の「実施するべきではない」という「あり方懇談会」の結論は、保護者、教職員、市民、子どもたちの願いに応えた賢明な判断です。また、市教育委員会が丁寧な意見交換を何度も重ねてきた結果でもあります。私たちとしては、子どもを真ん中に幅広く運動を進めてきたことがストップさせることにつながったと思います。

「小中一貫化を推し進めようとする国の政策に対して、現在の学校環境を維持し、子どもたち一人一人にかける社会的コストをきちんと維持する方向性が持ち出されたことに安堵している。ただ一方で、実際に市内の小・中学校に子どもを通わせている親として、市内の学校において、先生、子どもたちが強い学力的結果のプレッシャーにさらされ、苦しんでいる状況を感じている。何とかその息苦しさを解消していくための方向性を考えていければと思っている。」

これは、二〇一九年一月一三日、会が開催した「武蔵野市の『小中一貫校』問題を振り返ってこれからの武蔵野市の教育を考え　子どもたちのための学校を考えよう」学習会に参加した人の声です。

武蔵野市は、長年にわたり、幅広い市民参加の運動が進められてきました。また、学校では「市民性を高める教育」があります。「市民参加」の武蔵野市で、国・文部科学省が進める「小中一貫教育」「施設一体型義務教育学校」が本当に子どもたちにとって必要なのか、賛成・反対・疑問・不安含めて議論が出来たことが大きな成果だったと思います。そして、学校選択制を望まず、地元のコミュニティで子どもたちが健やかに豊かに育っていくことを願い、「武蔵野市らしい教育」を求めているというのが、多くの市民の声ではないでしょうか。そのためには、教職員が子どもに向き合える時間を確保すること、自主的に教材研究できる時間を保障していくことも合わせて求められます。

これから第五中学校、第五小学校など、築六〇年を経過する学校施設の建て替えが始まります。また、武蔵野市の教育と学校を、子ども主体に、市民参加で考えていくことが必要です。「小中一貫校」の検討は終わりましたが、子ども、学校、教育への保護者、市民、教職員の悩みや思いは、「教育カフェ」に寄せられています。「子どもたちの未来は子どもたちのために」「より良い武蔵野の教育を生み出すための連携をつくり出していく」ことを一致点に、私たちの会はこれからも運動を進めていきます。

「考える会」のチラシ

どうなってるの？
小中一貫教育
in むさしの
未来をつくる子どもたちの
教育環境を考えよう

Merit 01

小中一貫教育になると学力は向上するの？

➔ 既に東京平均や全国平均と比べて高い水準にあります。

武蔵野市では下記のような工夫で小中学生の学力を向上させました。

- 算数・数学などで習熟度別少人数指導や学習支援教室に学習指導員を配置している。
- 理科指導員を配置している。

その結果、例えば全国学力調査(2016年)では正答率が算数Aで86.2%(全国77.6%)など武蔵野市の子どもたちの学力は既に高いレベルにあります。学力向上があったとよく引用される京都市の場合は元々の生活・教育環境に伸びしろが十分にあったために、そのような効果が得られたと考えられます。既に学力レベルの高い武蔵野市でどれだけの学力向上効果が得られるのでしょうか。逆に、武蔵野市で小中一貫教育が行われる場合、武蔵野市民科など、今まで存在しなかった新しい特設教科により子どもたちはより忙しくなります。

■少人数指導の効果が期待できることを考えると、小中一貫教育だけでなく30人程度学級のような少人数学級制の導入も検討してもよいのではないでしょうか。

※武蔵野市の状況は「平成29年度武蔵野市教育委員会の権限に属する事務の管理及び執行の状況の点検及び評価報告書（平成28年度分）」より引用しました。

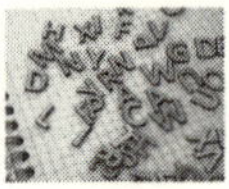

Merit 02

小中一貫教育では前倒し教育が行われるの？

➔ 武蔵野市では前倒し教育は行われません。

義務教育学校では自由なカリキュラムを設定できることから、「前倒し」が期待されることがあります。しかし、2016年9月27日の決算特別委員会で委員の「要するに中学校の課程を小学校に早目に持ち込んで、そこからやっていくということではないか…」という質問に対して指導課長(当時)より「前倒しであるとかそういうことは一切考えておりません」と回答されています。前倒し教育を希望される場合は公立学校ではなく各自対応する必要があります。

※武蔵野市議会ホームページ議事録より

Merit 03

「中一ギャップ」は大丈夫？

➔ 「中1ギャップ」の存在を実体と考えて議論を進めることは危険です。

文部科学省、国立教育政策研究所の生徒指導リーフ『「中1ギャップ」の真実』の中で調査データを元にして次のように「中1ギャップ」で片付けることを否定しています。

> “ 「ギャップ」という表現が安易に用いられていることで、小6から中1に至る過程に大きな「壁」や「ハードル」が存在し、それが問題を引き起こしているかのようなイメージを抱きがちです。しかし、多くの問題が顕在化するのは中学校段階からだとしても、実は小学校段階から問題が始まっている場合が少なくありません。”

また、「中1ギャップ」という言葉を利用することに警鐘を鳴らしています。

> “ 「中1ギャップ」に限らず、便利な用語を安易に用いることで思考を停止し、根拠を確認しないままの議論を進めたり広めたりしてはならない。”

仮に「中1ギャップ」が存在していたとしても、「中1ギャップ」(激しい変化)を問題視し変化を減らそうという小中一貫教育のアプローチは、一方で「変化の激しい社会を生き抜ける子に育つ」と謳っている小中一貫教育のメリットと矛盾しています。

■大切なのは、制度や施設で対応するのではなく、小中が連携して個々の事情を見据えた対応をすることではないでしょうか。

その他のメリット例

- 異年齢交流（おしきせの交流に意味がある？）
- 教員の小中相互乗り入れ授業
- 教員同士の情報交換（それだけのために統廃合する？）

その他にも教科担任制など、小中一貫教育のメリットと謳われていることもありますが、ほとんどは現在の小中学校でできることばかりで、小中一貫教育とは関係がありません。

■そんなに良いのであれば、もったいぶらずに早々に現在の小中学校に取り込めばよいのではないでしょうか。

デメリット例

- 災害時避難所が減る・遠くなる
- 小6の最高学年としての意識が育たない
- 小中の環境の変化(ギャップ)がなくなる(生き抜く力)
- 中学生の幼稚化
- 普通教室以外の利用に支障がでる
- 一校あたりの中学生数が減る
- 行事にかかわる人数が多すぎる
- 授業・休み時間が合わない(騒音/乗り入れ授業…)
- 体の大きさの違い(プール/トイレ/各種設備…)
- 人間関係の固定化

小中一貫教育導入検討の進め方の課題

- 目的が伝わってこない
- メリットが伝わってこない
- 子ども中心で考えられていない
  建替時期など大人の都合。学校の主役は子ども。学校は子どもたちのための施設。
- 小中一貫教育と関係ないことが混入している
  「キャリア教育」や「自己有用感」など小中一貫教育と関係のない概念が混入し整理されていない。

> 小中一貫ワーキングチームが明らかにしていること
> ●義務教育学校 ●4-3-2制学年区分 ●施設一体型

- 検討過程が不透明
  小中連携教育推進委員会(H27)、ワーキングチーム(H28)の検討結果には、それに至る経緯が一切公開されていない。
- 情報が公開されない
  市民意見交換会など集めた意見とその対応が公開されていない。
- 市民参加がない
  市民意見が反映されていない。H29からの検討委員会にも公募市民がいない。充て職は一般市民ではない。
- 教育委員会の資料がない
  H29年7月時点で議事録は8ヶ月分公開されていない。
- 資料の質
  データ分析の正当性・分かりやすい作文に期待します。

小中一貫校推進の本質は学校統廃合

全国で少子化に伴う学校規模の維持のために小中一貫校化が進められています。それでは武蔵野市はどうでしょうか。2016年9月5日の武蔵野市議会において教育長は次のように話しています。

> “児童数の減というのはかなりの何十年後かもしれませんけども、それは間違いなく起こってくるということが想定されます。(中略)結果的にそうなったから、じゃ統廃合という形でいくのか、そうではなくて今からそうではないもっと新しいタイプの学校教育として想定できる範囲の中で再構成(＝集約)していくといったこともありえるのではないか(後略)

■上述のように小中一貫校の肝は少子化に対応する統廃合です。武蔵野市では今後10年をかけ児童数が増え、20年後に現在と同じ程度になるだろうと推計されています。全国で小中一貫校を進めている地域と比べて児童数減に関して20年猶予があります。検証が進んでない小中一貫教育を武蔵野市があえて選択する理由がどこにあるのでしょうか。
※既に小中連携教育は進めています。

武蔵野の教育を語る会・「小中一貫校」を考える会
kodomokyoikumusashino@yahoo.com　https://school634.jimdo.com/
当会の活動は持ち出し・カンパで行っています。当会の趣旨に賛同してくださり応援したいという方、ぜひ、カンパをよろしくお願いします。

第6章　「町のことは自分たちで決めよう」
――議会内外のコラボで小中一貫校をストップ　岡山県奈義町

森藤政憲

1　奈義町とはどんな町か

奈義町は、岡山県の東北部に位置し農業を基幹産業とする県境の町です。人口は、二〇一九年七月現在、五八三一人。全国の小さな自治体と同じように、人口は減少の一途をたどっています。

二〇〇二年一二月、合併問題での住民投票を行い、その結果、町民の圧倒的多数の声（合併反対が七〇パーセント以上）により、「平成の大合併」には加わらず単独町政を進めています。二〇一四年には地道な子育て支援策の推進の結果、合計特殊出生率が全国最高水準の二・八一を記録し、NHKスペシャルで全国放送されるなど大きな注目を浴びることとなりました。

ところが、二〇一六年度から本格的に始まった地方創生事業に翻弄《ほんろう》され、現在、奈義町は町づくりが混乱しているのが現状です。以下、奈義町に降ってわいたような施設一体型小中一貫校（中学校の移転）を町民の力でストップさせた経験を紹介します。

2　施設一体型小中一貫校問題の経緯

もともと、奈義中学校の耐震不足問題、老朽化問題（校舎は、築五〇年を経過しています）が出発点でした。これに、地方創生事業の思惑（「人口維持のため、魅力ある取り組み、特色ある教育を進める」、「県下初の施設一体型小中一貫校をつくれば注目され、その結果、奈義町に移住する人も増える」など）の議論が加わり、施設一体型小中一貫校の建設として、小学校西側への中学校移転プランが、突如、出されました。これが出発点です（二〇一六年）。

町や教育委員会は、町民への全体説明会（二〇一七年一月に町の文化センターで行われた説明会には約三〇〇人が参加）や各地区（一八地区）での説明会（約四七〇人が参加）を行い、計八〇〇人近い町民が町の説明を聞きました。この場では、一方的に、「施設一体型小中一貫校が子どもの教育に一番いい」との説明を行い、そのためには、中学校を小学校の西側へ移転することが必要と説き、移転がすでに決まったかのような報告が行われました。町民からは不満の声と同時に、

「もう決まっているんだ」との、あきらめの声も出されました。また、町民説明会の場では、PTAのアンケート結果が紹介され、それによると、施設一体型小中一貫校には、PTA会員の中で賛成が多数、と報告されました。その後、保育園保護者会会長、幼稚園（二園）、小学校、中学校の各PTA会長の連名で、施設一体型小中一貫校の推進を求める要望書（議会への陳情）が提出される事態となりました。

議会の中では、私以外はほとんど、施設一体型小中一貫校、中学校移転に賛成であり（一対八）、万事休す、これで移転は決まりかと思ったのがこの頃です。

3　町民から批判の声が噴出――大きな住民運動へ発展

私が発行している「森藤まさのり議会だより」で小中一貫校や中学校の移転問題をお知らせすると、ある町民の方から、私に説明を聞きたいとの要請があり、数人の町民の方と懇談しました。その時、これではいけないとの認識で一致し、その後、「中学校移転問題等を考える有志の会」（以下、「会」とします）が、二〇一七年三月に結成されました。「会」は、議員の意見を聞く会（四〇人参加）を開くなど運動を推進。二〇一七年五月には、移転問題の慎重な検討を求める議会への陳情署名を、一〇日間という短期間で二〇三六名分を集め提出。町長は、すぐに議会に対し「中学校の移転問題は慎重に取り組む」と報告。議会も全員一致で、陳情を採択する結果となりました。私もこの間、議会報告会を積極的に開催し議会の状況を報告しました。その後、二〇一七年一一月、慎重な検討だけで済ますわけにはいかないと、「中学校の今あるところでの建て替えを求める署名」（町長宛）を有権者の半数近い二六五一名を集め、町長に提出しました。有権者の半数近い署名は、奈義町始まって以来の出来事であり、町民の批判の大きさ、エネルギーのすごさが示されました。

町は教育問題検討会（無作為に選ばれた三一人の町民で構成）、教育委員会は教育改革推進委員会（二五人で構成）を設置し、中学校の今後について検討を始めました。また、専門家の大学教授から提言をもらうよう、段取りを進めました。結果は、教育問題検討会は、移転に反対し、今あるところでの中学校建て替えを求める答申を提出。教育改革推進委員会の答申は、施設一体型小中一貫校と隣接型（分離型）小中一貫校について、両論併記の答申を提出しました。また、大学教授は、「小中の校舎が一体にできず、純粋な施設一体型小中一貫校にはならない」「移転は難しい」「今あるところでの建て替えが望ましい」という内容の意見を表明する結果となりました（二〇一八年二月）。

この間、議会ではＰＴＡ会長連名の陳情（施設一体型小中一貫校を実施してほしいとの趣旨）が協議され、たびたび継続審査を繰り返してきました。二〇一七年一二月には、いったんは、施設一体型小中一貫校推進の陳情が趣旨採択（賛成多数）されたものの、特別委員会委員長の運営に齟齬《そご》があり、採決をやり直す事態となりました。この間、町民の批判の声が議会に集中され、今度は、劇的な逆転で継続審査が多数となりました。この陳情が採択されていたなら、〝議会の意思を尊重する〟という口実で、施設一体型小中一貫校建設（中学校の移転）が進んでいた可能性が大だったと思われます。

4　町長が移転を断念し議会も同意

二〇一八年三月議会、町長が施政方針の中で、「町民の皆さんの声、各種委員会の答申、専門家の意見等を踏まえ、中学校の移転はしない。今あるところで建て替えを行いたい」と表明。中学校の小学校西側への移転（施設一体型小中一貫校）は中止となりました。これに呼応し、四月には議会の特別委員会（保育園、幼稚園、中学校の今後の在り方調査特別委員会）で、中学校は今あるところで建て替える決議を、賛成七、反対二で議決し、町民の思いが届く結果となりました。

中学校の移転（施設一体型小中一貫校建設）を中止に追いこんだ要因は何なのでしょうか。私は五つあったと思います。

①なによりも、町民の世論、力が一番です。町民の有志の方が「会」を結成し、これに、幅広い住民が参加しました。三人の代表世話人は、全員が元町議会議長という、これまでの奈義町では考えられないメンバー（一人は、当時の町長の後援会長）で、運動を進める上で大きなインパクトを与える結果となりました。

町民の皆さんの行動力もすばらしく、署名を訴えたら、「私も集めるから署名用紙をちょうだい」と協力を申し出る町民が、あちこちに生まれました。一〇〇人近い町民が、自分だけでなく、周りの人に署名をお願いをしたと思われます。

②運動を進める上で、一致点（中学校は今あるところで建て替えをすること）を大切にし、意見の違いがある場合は丁寧に一致点を見いだす努力をしました。途中、運動の方向を、町づくり全体の問題も対象にして取り組もうとの声が出されましたが、あくまでも、中学校の移転反対、今あるところでの建て替えを求めるという一致点で頑張ろうと、意思統一を行いました。この時、町づくりの課題も採り上げていたら、運動の幅が狭くなり、ここまで大きな住民運動には至らなかったと思われます。

③議会の中の奮闘と議会の外の頑張りが〝見事に〟コラボしました。私は、頻繁に議会報告会を開催し、議会の様子を漏れなく町民の方、特に「会」の運動に取り組まれている方には、きめ細かな報告を行いました。この議会報告会の中で、署名（最初の慎重な検討を求める陳情）が論議となり、その場で、署名を集めることを決めたこともあります。

④その時々の、状況、町民の思い、推進側の動きなどを分析し、適切な問題提起ができたのではないかと思います。

具体的には――。

・町や教育委員会が、「施設一体型小中一貫校が子どもの教育にとって〝一番いい〟」との説明をした時には、議会の場で、「施設一体型小中一貫校は、その教育効果がどこに実証されているのか。」と追及。町執行部や教育委員会は回答不能となり、それ以来、言わなくなりました。

・町民の中には、中学校の移転で財政が大変になるとの心配がある中、〝お金〟の問題を重視し報告・宣伝しました。これには大きな反響がありました。今あるところでの建て替えと、移転をした場合の事業費の違いが一〇億円以上も差があることがわかり、こんな余分なお金をなぜ使おうとするのかとの意見が沸騰しました。

・「会」が署名に取り組む時、中学校の移転（施設一体型小中一貫校）反対の署名か、それとも、慎重な検討を求める署名かで、意見が分かれた時があります。その時、町民の思い、感情を判断すると、移転に賛成の人のことも考え、慎重な検討を求める署名にしようとなりました。これは、正解でした。移転に賛成の人も署名に応じてくれた例が出てきて、短期間に二〇〇〇名を大幅に超す運動へと発展したのではないかと思います。

・町が、検討会や教育委員会の中の改革推進委員会をつくり、検討が進んでいるので、その結果を待とうとの思いが「会」の中にも生まれていましたが、論議をする中で、攻勢的に打って出よう、となり、その後の新しい署名運動に繋がりました。結果は、有権者の半数近い二六五一名分が集まり、町長も、移転を進めることができなくなりました。

・署名の表題も、「施設一体型小中一貫校反対」「移転反対」ではなく、「今あるところでの中学校の建て替えを求める」署名にしたことは、町民の賛同を得る上で重要な点になりました。この表題は、町民の感情、思いにピッタリでした。

・PTA会長連名の陳情（施設一体型小中一貫校の推進を求める）は、議員の中では賛成が圧倒的多数のきわめて困難な中、議会の中で、私は、採決に持ち込ませず、粘り強く、継続審査に持ち込みました。議会への傍聴も呼びかけ、奈義町始まって以来、特別委員会への傍聴があり、町民が見守る中、審議が行われ、「議会はこんな状況なんだ」との思いが共有できました。

⑤町民に情報を提供する宣伝に力を入れたことです。この間、小中一貫校問題の詳細についてわかりやすく記事にした「森藤まさのり議会だより」を四回発行し全戸に配布しました。その後の、アンケート調査では、八割近い町民が、ニュースをよく読むと回答。「このニュースがなかったら奈義町のことはわからない」「唯一の情報源」「とてもわかりやすい」「ニュースを楽しみに待っています」などの反響がありました。このニュース発行は、大変大きな力となりました。文字通り、全町民を対象に知らせる、わかりやすく知らせる、町民の気持ちに寄り添って知ら

せるということ。この姿勢を堅持して取り組みましたが、この姿勢は、どの問題にも通じることかもしれません。

結局、「子どもたちの教育のためには施設一体型小中一貫校が重要で、そのために中学校の移転が必要」との考えは、町民の理解を得ることはできませんでした。奈義町での施設一体型小中一貫校（中学校移転）を中止させた取り組みは、住民が町政を動かすという、住民自治の本来の姿を体現したような出来事でした。

〝町のことは、自分たちで考え自分たちが決めよう〟という意識が生まれ育ってきています。あの平成の市町村大合併の時、自分の一票（住民投票）で自分たちの町の将来を決めた、との自治意識が脈々と受け継がれている。このことを痛感した三年間でした。

第3部　小中一貫校化した現場の実態

第7章　一貫校の子どもたち、教師たちの実際

柏原ゆう子

小中一貫校に関する研究発表はたくさんありますが、その中で働く教員の思いや問題意識、あるいは子どもの実態は、把握が難しいのが現状です。そこで、私たちは教職員組合のつながりで、地域の四つの小中一貫校に働く教職員にアンケートをとりました。するとやはり、都市型の（数百名規模の）施設一体型小中一貫校は、どこでも苦労していることがわかってきました。ここでは、アンケートに示された声と、自分自身が勤務した経験を踏まえ、小中一貫校で何が起こっているのかを紹介したいと思います。

1　小中の段差をなくすとはどういうことか

小中学校を一体化し、小中学生を同居させると、どんな問題が起こってくるのでしょうか。小中の接続部、小学校生活、中学校生活、教員の意識、学校文化の五つの視点から整理してみます。

「中学生になりたくない」

まず、小中の接続部の問題です。結論からいうと、小六から中一への成長の飛躍をつくり出せなくなるということが起こってきます。アンケートでは、「五、六年生の高学年としての意識のなさ」「『中一リセット』ができない」「中学生になっても切り替えられない」ことが懸念として挙げられています。また、「『六年マジック』が効かない」、つまりこれまでのように六年生を「最高学年」「小学校の代表」と位置づけての指導ができないとの声も多いです。どこの小学校でも「誇り高き六年生」を育てていますが、常に中学生がいるという小中一貫校では、六年生も当然萎縮《いしゅく》してしまいます。「高学年の入り口」であった五年生は、九年生までいる学校では、「真ん中っ子」です。これでは高学年の自覚が育ちません。委員会や児童会、清掃も自主的・自覚的な活動にならず、相当の工夫が必要となります。

小学生にとっては、中学校生活が身近になるため、当然「中一ギャップ」はあまり感じなくなりますが、同時に中学校への期待や憧れがなくなることも問題です。幼い小学生の目は、中学校生活を「先生が怖い」「授業が長い」「テストばっかり」といった否定的な見方でとらえてしまうようです。中学校生活の一面しか見えていないにもかかわらず、全貌が見えているような気分になり、いわゆる「閉塞感《へいそく》」を感じ、「中学生になりたくない」の声が出てきます。

一方、七年生の担任からは、「今日から中学生」「もう子どもではない」といった中学生の自覚を持たせる指導が難しいとの声があります。「何度も中一の担任をしてきたが、こんなに苦労したのは初めてだ」という先生は、生徒に「もう中学生だろう」と言うと「なんで?」と返ってくる状況に頭を抱えていました。また、小中一貫校では、四・三・二制(一～四年生を前期・五～七年生を中期・八～九年生を後期)にすることが多いのですが、中期といわれる五・六・七年生が「中だるみ」する実態があります。これは非常にもったいないといわざるを得ません。単学級の学校であっても、学校が変われば「リセット」できます。つまり小中教員の視点の違い・学校文化の違いが子どもを飛躍的に成長させてきたのです。各学校を回っている通級指導の先生が「一貫校の子どもは幼い」と指摘していることを聞きましたが、その指摘は重いものがあります。

さて小学校生活はどうなるのでしょうか。まずは、幼い小学生を、受験競争の渦に巻き込むという問題があります。中学校は年一〇回、計二〇日間ものテストがあります。そのたびに「静かに遊びなさい」「廊下や階段は静かに」と言われるのです。早くから受験を意識させられます。中には中学校に合わせて五、六年生が定期テストを行っている学校もあります。こうした状況下では、「勉強しないと中学校で困るよ」といった声かけが、非常に現実的なプレッシャーになってしまいます。「先のことばっかり言われるのが嫌」という六年生の声、七夕の笹飾りに「高校に行けますように」と書く小学生の姿は心配です。

もちろん先生たちもこの状況に心を痛めています。「子どもたちが大変きゅうくつな思いをしている」「授業終了時の問題（中学生がまだ授業中だから静かに過ごす）や、運動場で自由に遊べない環境は児童にとってどうなのでしょうか」「子どもたちがもっとのびのび過ごせる環境をつくってほしい」「小学校ならではの体験ができていないのが気になる」といった声が多く出ています。

小学校では、運動会や音楽会・卒業式など大きな行事は、数週間にわたる練習を重ねて本番を迎えます。しかし小中一貫校では、毎日放課後に中学校の部活があるため、運動場や体育館を毎日設定しなおす必要が生じます。トラックラインを毎日引き直したり、体育館のひな壇を毎日出し入れしたりといった作業です。どの学校も工夫を重ねてはいますが、結局行事の練習が簡素化され、十分にできなくなります。結果、自信をもって活躍できる出番が減り、行事での達成感が減じることになります。

また、中学校のテストや懇談、集会後など、しょっちゅう時程が変わり、外で思い切り遊べない問題が生じます。やはり小学生には、チャイムでメリハリのついた、安定した生活が必要なのです。放課後は、中学校の部活があるため遊べない、テスト期間は、静かに遊べと言われる、これでは子ども時代を満喫できません。さらに、中学校の部活に参加することで、毎日の宿題や持ち物がいいかげんになってしまう問題や、中学校と同じ制服を着ることで、中学校的な校則による生徒指導が行われる学校もあります。一貫校の児童に多いといわれる「疲労感」は、中学校様式の生活による疲れだけではなく、十分な遊びが保障されず、注意されることが多いことも要因になっているのではないでしょうか。

物事の善悪を学ぶ時期に、中学生の大人への反抗・挑戦を見てしまうのも問題です。また、小学校の教員も中学校の部活を担当する学校では、ベテランの教員が勤められなくなり、若手ばかりになってしまうことで学校運営に不安が生じているようです。

思春期課題に向き合う生活が保障できない

中学生に対しては、思春期課題に向き合う中学校生活を保障できなくなってしまいます。多感な中学生にとって、小学生はデリカシーがなくイライラするようです。しかし遠慮するのは中学生の方です。小学生の前では「かっこつける」のです。昼休みも、トラブルを避け、外で遊ばなくなってしまいます。とくに、静寂を好む中学生が集まる図書室では、「小学生がうるさい」事態となり、中学生の居場所を脅《おびや》かすことになります。小学生の幼さ・やんちゃ・かわいらしさは、愛されるべきものですが、中学生はまだそこまで寛容にはなれません。もちろんかわいいと感じるときもありますが、いつも調子がいいとは限らないのが思春期です。

また、思春期のエネルギーを発散させる部活動の時間が制限されるのも問題です。午後の時間たっぷり練習時間のとれたテスト最終日や個人懇談中も、小中一貫校では小学校がまだ午後の授業をしています。そのため、運動場・体育館は使えません。吹奏楽部も音が出せません。いったん帰宅したり、教室で待機したりすることになります。さらに、小学生を中学校の部活に参加させている学校では、矛盾が大きくなります。試合や大会を目標に頑張って練習をする中学生と、遊びの延長でしかない小学生が一緒に練習をするのは無理があるようです。敬語も使えない小学生のお世話をするのは中学生にとって酷な話です。

中学校のテスト中の小学生の喧騒《けんそう》も解決できない問題です。小学校棟と中学校棟の間に教職員が立っている学校や、防火扉を閉めて音を遮断《しゃだん》する学校、試験中は小学校もテスト時程で過ごす学校もあります。「テスト環境を守ってやりたい」は、中学校の先生たちの願いなのです。また、行事についても配慮が必要です。一一月、小学校は音楽会や学習発表会といった文化行事をもちますが、中学校にとって一一月は、高校の入学説明会やオープンスクールが始まる時期です。三学期、願書を出し、入試が始まる時期も、小学校はマラソンや卒業へ向けての行事でにぎやかです。受験への不利益も懸念されます。

体育祭や文化祭といった学校行事はこれまで、生徒会や各種委員会、クラブで準備や運営を担ってきました。しかし小中合同行事となると、そうはいきません。中学生にとっては役割や出番が減り、不完全燃焼になるようです。当然、行事の中で育ててきた自主性や自治的能力は保障できなくなります。このように考えてくると、小中一貫校は、むしろ中学生の方がかわいそうという面もあるのかもしれません。

一貫校教員の徒労感や息苦しさ

小中一貫校の教員は、「多忙感」「負担感」を抱えているといわれます。それは単に勤務時間が長い・業務内容が増えた・複雑化したという物理的な問題だけではないようです。仕事の中身が、教師から誇りとやりがいを奪うということが、非常な苦しさ・徒労感を生んでいるのではないでしょうか。

まず、始業のあいさつや、授業のきまり、テストの受け方などを、小中で「揃えましょう」、「合わせましょう」、「その前に学年で合わせましょう」、と教員自身がお互いに手を縛り合います。小中一貫教育の名のもとに、教育方法の画一化が進んでいきます。そして「○○（学校名）スタンダード」が九年から一年までを貫徹し、教育実践が萎縮し、それぞれの先生方が今まで大切にしてきたものが否定されます。例えば、始業のあいさつ一つとっても、号令を先生がかけるのか、日直か、学級代表かなど様々です。「礼」「おねがいします」「はじめます」などのかけ声も様々あります。これらは、先生と子どもの関係性や、教師の授業観を反映しているものです。小学校の場合は学級づくりの方策の一部であることもあります。発達段階の違いに考慮し、子どものためによかれと思ってすることが、異校種の先生から「それは違う」「それは困る」と言われてしまう、苦しくなって異議を申し立てると、管理職からは「教員の意識改革が必要」と言われる、こうして価値観がゆらぎ、教員としての専門性や誇りが傷つけられる経験が、大きな徒労感となるのです。

そして、目の前の子どもの姿や実態から出発するのでなく、「こうあるべき」から出発する指導が広がります。「九年間を見通した○○カリキュラム」や、「総合的な学習の時間」などの時間を使っての独自教科（市民科など）がつくられます。教育課程の編成権は各学校にあるにもかかわらず、たいてい、忙しい学校現場に変わって教育行政がカリキュラムづくりを担うのです。しかし、カリキュラムを固定化し、それを年々こなす実践では、子どもたちは受け身にならざるを得ません。これも教員にとっては、創意工夫を発揮することも、子どもと共に実践を組み立てることもできない息苦しさとなるのです。

もちろん教員間の小中連携や交流は必要であるし有意義です。しかしだからといって、それを子どもの生活に持ち込むのは次元が違う話ではないでしょうか。子どもたちの居場所と出番が保障できない、小中学生それぞれの発達要求にこたえられない苦しさが、一貫校の教員の「しんどさ」の根本にあると思います。

アンケートでは、「一般校より多忙ではない」と答えた教員はゼロで、「非常に多忙」「ある程度多忙」がほとんどでした。「働き方改革」にはほど遠い状況です。その原因として「会議が多い」「会議が長い」「会議の内容が多い」という回答が多く、会議の中身としては「情報交換」「すり合わせ」「打ち合わせ」「折り合い」「常に連携」「試行錯誤」「文化の差をつめる」「他校にないものがついてくる」といった言葉が並びます。異校種の先生から学ぶものも大いにありますが、担任する目の前の子どもにとってどうかという話になると、小中譲り合わず、着地点のない議論になってしまう苦労があるのです。

小中の教育実践が萎縮・縮小されると、学校から文化が消えていきます。それぞれの地域性と発達段階に根ざした小学校の学校文化。思春期である中学生の発達要求に応え、成長をはげます中学校の学校文化。小中それぞれ教育的意味をもつ学校文化であったはずが、互いのよさの潰しあいになるのです。

例えば体育祭と運動会。中学校のそれは、自分たちの「祭り」としての行事であり、人に見せるためのものではありません。一方、小学校にとっては、保護者・地域の方に日頃の成果を発表する場で、子どもは大人にほめてもらうことで達成感を感じます。同じ体育的行事ですが、目的が全く異なるのです。文化的行事も同様です。しかし一貫校の多くは、見た目の「成果」を求められるため、行事から祭りの要素が消えてしまうことが多いようです。アンケートでも、「小には小、中には中の良さ・風土がある。それを尊重しないと現場がしんどくなる」「小中の先生の意見はきちんと反映されるべき」「どちらの意見も尊重すべき」「様々な立場同士で尊重し合うことが大切」といった意見が多く、現実がそうはなっていない厳しさが垣間見えました。

さて、市内に特別の学校ができて、特別の予算がつくとどうなるのでしょう。多くの場合、多額の校舎建設費用を伴うため、「費用対効果」が問われ、成果を求められます。すると、子どもと教員に無理をさせます。それをモデル校にして一般校が追いかけるという図式になります。それればかりではありません。年に一回開かれる「小中一貫サミット」を軸に、小中一貫校同士が、改革競争をさせられていくという、非常に危険な構造がつくられつつあります。

また、教育行政が、学校の教育内容に介入しすぎるのも非常に危険なことです。教育課程や学校行事・クラブの持ち方などは各学校の専決事項であるはずですが、そこに行政が口を出してくるのです。現場にいると、最終的にはこれが狙いではないかとさえ思えてきます。

2　学校は多面体なので問題も多岐にわたる

その他にも、いろいろな問題が起こっています。例えばスクールバスの問題です。統廃合により通学距離が延びることから、安易にスクールバスが導入されます。しかし時計を持たない・時計の読めない小学生にはバスでの登下校は無理があります。また、幼稚園と違って学校は、学年ごと曜日ごとに下校時刻が異なり、行事によって下校時刻が変わる日も多いです。バスのダイヤがあるため、急な変更もできず、放課後に子どもを残すこともできないなど、学校生活がバスに振り回される事態になっています。バス停での待ち方や車内のすごし方指導の難しさも悩みの種です。バス停で毎年、交通事故が起こっている学校もあります。スクールバスの運行に毎年一台一〇〇〇万円ほどかかります。「このお金で先生を雇った方が子どものためになるのではないか」という声、バスの運行が自治体の財政を圧迫し、「いつまで無料で走らせられるか」といった心配の声もあります。

学童保育も大変です。管轄が教育委員会ではないために、開校前の情報提供や要望の聞き取りが遅れ、保護者の不信を招くことがあります。放課後、グラウンドで遊べないことや、夏休みの一日保育の大変さについて学校側の配慮が必要です。遅い時間に下校することになるので、保護者やスクールバスでの送迎など、忙しい家庭の要望を反映する仕組みが必要です。

また、学校統廃合による心のケアについてしっかり大人が寄り添う必要があります。教育委員会の配布物から自分の学校が廃校になることを知った子どもたちの動揺、「こんなんいやや」「どうせ大人の都合やろ」と叫んだ子どもたちの幼い心は、明らかに統廃合で傷ついています。教員の方は、日常の業務に加え、新校の準備、閉校への取り組みと雪だるま式に忙しくなっていき、きめこまかく子どもたちの心に寄り添うことが難しくなっている状況があります。

そんな中でも、地域の方を招いて大々的に閉校の行事をした学校、部厚い記念誌をつくった学校もありました。こうした取り組みなしに、子どもたちは自分の学校がなくなる寂しさや悲しさ・不安を乗り越えられません。数年たっても廃校になった小学校に遊びに行く子どもたちの姿があります。跡地利用についても丁寧な議論が必要です。

校区が広域化することで、地域と学校の関係が変化します。小学校で行われていた住民運動会や地域の文化祭が縮小するケースもあります。開校後、あらためて地域との関係を結びなおす取り組みを「総合的な学習の時間」の時間などを使って始めている学校もあります。

府費で配置される教職員は定数通り配置されても、市費でまかなう図書館司書や校務員・事務員・給食関係などの人員が減らされたり、電話回線やコピー機などが減らされたりして業務に支障が出る学校もあります。

学校を減らすことで、教育予算を圧縮しようと計画されたにもかかわらず、一貫校建設はかえって予定よりも予算と手間がかかっているようです。特に今は、建設関連は震災復興と東京オリンピックで資材も人も集まりにくい現状があります。東北や東京の方が工事単価が高く、西日本の学校建築や耐震工事に業者が手を挙げないのです。やむなく入札価格を上げて、再募集をかけた話や、安普請で突貫工事をした結果、開校直後から雨漏りや窓の落下などが相次いだ話もあります。

しかし、このような具体的な施策に、自治体と教育委員会の考え方が反映されます。開校前に説明会を開かせること、そして説明会が開催されたら、皆でたくさんの質問や意見を上げることが大事です。

3　小中一貫教育のねらいとは

いったい小中一貫教育のねらいは何でしょう。ねらいを知っておくことが、この教育政策にふりまわされないために大事です。しかし、学校関係者と保護者・地域の意識や常識の差、さらに小学校教員と中学校教員の感覚・経験の差が非常に大きいのが現実です。教員でも、小学校と中学校の性格の違いを理解している人はそう多くありません。これらの間隙《かんげき》をついて、このわかりにくい教育政策が広まっているのではないでしょうか。

アンケートでは、「小中一貫教育が成果を上げている分野」として、回答が多かったのは、「児童・生徒の異年齢交流」と「教職員の情報交換」でした。そして「生活・生徒指導」「授業改善」と続きます。開校前の説明会で力説された中一ギャップの典型例である「不登校解消」（に成果を上げている）はゼロ、中学校の「部活動の活性化」もゼロでした。「クラス替えのできる学校規模を」といわれた「切磋琢磨《せっさたくま》」「学力向上」に成果があったという回答、英語教育に役立つとの回答は僅かでした。そして、「施設一体型小中一貫校を増やすべき」と答えた教員はゼロで、ほとんどが「増やすべきでない」「わからない」との回答でした。異年齢交流や、教職員の情報交換は、施設を一体化しなくても可能だからでしょう。教員の思いとしては、「教育効果や長所・短所等が十分検証されていない中で（施設一体型小中一貫校を）増やすことは、子どもたちにとっても教職員にとってもよいこととは思えない」という声に代表されるのではないでしょうか。

各地で、「耐震化」「地域の活性化」「少子化」「『中一ギャップ』の解消」「学力向上」など、それぞれの事情からその目的が語られます。そこでまずは、教育の「合理化」「効率化」、学校統廃合による地域こわし、義務教育の複線化が問題となります。五、六年生に、学級担任制ではなく、教科担任制を導入する学校もあります。中学校が小規模化する中で、授業時数の少ない教員が出てくるため、小学校の授業を持ってもらう、こうして小学校に必要な専科教員を減らすことができます。逆に中学校の免許を持った小学校教員が中学校の授業を受け持つことで、中学校の時間講師を雇わずにすみます。このような「効率化」が小中一貫教育の名のもとに行われます。子どもたちのためでは決してありません。小中一貫教育がもたらすもの・子どもの成長発達への影響などについての解明が急がれます。

入り口は「中一ギャップ」解消などさまざまに語られています。しかし出口は、教育予算の削減、教員統制、教育方法の画一化、行政による教育介入というのが本質ではないでしょうか。そう考えて私の職場では、所属組合を超えて校長交渉をしたり、市教委への要求書をつくったりしてきました。そしてその中で、「自分たちの学校のことは自分たちで決める」「教育実践はみんな違ってみんないい」「わからないことは子どもに聞く」ことなどを対抗軸に、学校づくりをしてきました。

＊

最後に、中学校に進学した子どもたちが適応に戸惑う現実をどうみるか、という問題があります。文科省「中一ギャップのイメージ」でも、中学校は教師主導型の授業で、スピードが速く、板書が多い、厳しい生徒指導があると書かれています。そうだとすれば、小中一貫校をつくることが正しい処方箋《しょほうせん》なのでしょうか。中学校の現状はそのままで、「小中の壁をなくす」（つまり問題を薄める）とか、「中学校文化を小学校に降ろしてくる」（早く慣れさせる）のでは、解決するわけがありません。

一方、中学校には中学校のよさがあります。ただ、中学校教員の苦労は並大抵のものではなく、六割の中学校教員が「過労死ライン」で働いています。激しい受験競争や、管理主義の問題など、日本の教育の様々な矛盾が集中する中学校を、どう考えるのか、どこを変えるのかという議論が、一方では必要ではないでしょうか。

第8章　小中一貫教育の後遺症を正す
――つくば市教育長の立場から

門脇厚司

1　つくば市の特殊性

茨城県つくば市の教育長に就任し二〇一八年末で満二年になりました。その前は、現在住んでいる茨城県美浦村の教育長を六年やっていました。美浦村の教育長に就任する前は、東京教育大学と筑波大学で三〇年教鞭を取り、定年後に筑波学院大学の初代学長に就任したという経歴もあって、美浦村の教育長になったときから「異色の教育長」といわれています。つくば市の若い市長に「つくば市の教育長になって」と説得され引き受けました。二〇一六年一二月末のことです。

しかし、就任したとたんに大変な事態に遭遇し、今でもその後遺症に四苦八苦しているところです。

大変な事態とは、つくば市と合併した一つの町（人口二万三〇〇〇人の筑波町）にあった二つの中学校と七つの小学校をすべて廃校にし、小中一貫の義務教育学校をつくり二〇一七年四月に開校する予定だったのが、校舎の建設が間に合わず翌年まで延期するか、それでも旧中学校を間借りしてでも強引に開校するかで地元が大荒れしていたことです。就任後すぐに地元の説明会に出て「予定通りやれ！」「できないなら子どもたちに謝れ！」とか散々突き上げられました。こうした事態を早く解決するため、総合教育会議を開き開校を一年先送りにする決定をしました。約束なので決定後に全部の学校を訪問し児童生徒にお詫び行脚をしました。事態を何とか終息させた直後に三月の定例議会が始まりました。

そこである議員が「新しい義務教育学校をつくったことに対して新しい教育長はどう思うか」と質問したので、私は「こうしたことを行うことは暴挙であり愚挙である」とはっきり言いました。「とんでもないことしてくれた」と堂々と言っています。当時の議会議事録には、そういう発言がちゃんと残っていると思います。

つくば市は一九八七年にそれまでの一つの村と三つの町が合併して市になりました。その後、周辺の二つの町（筑波町と茎崎町）を合併して、人口は現在が約二三万五〇〇〇人です。私が勤務していた筑波大学がスタートしたときはまだ桜村で、この時点での人口はたった三〇〇〇人ほどでした。それが今、二三万人を超え、近い将来三〇万人になるだろうといわれています。今、日本のどこでも人口減がいわれていますが、つくば市は去年の統計だと一年間で三五〇〇人増えています。ですから、三年でも一万人増えるというような状態です。特に小学生の増加が著しく、毎年、小学一年生だけ五〇〇人ほど増加しています。東京から四五分程度で移動できるつくばエクスプレスが開通したこともありますが、前市長と前教育長が「つくば市は教育日本一」などと言っていたこともあって「うちの子どももつくば市の学校に入れると、学力が上げてもらえる」と勝手に思い込んだ親がどんどん移住してきているのが人口増加の原因と考えています。

二〇一八年の四月に一五〇〇人規模の義務教育学校を三校同時に開校しました。その中の市の中心部にある二校は、将来、児童生徒数がどのぐらい増えるか推計してもらっていますが、一つの学校は最終的には四二〇〇人になるだろうといわれています。もう一つの学校は三五〇〇人になるだろうといわれています。その他にも、今の規模から二倍になるという学校があと三、四校あります。

だから、人口がどんどん増えることによって市民税だとか固定資産税が年間一五億円ぐらい増えていますけども、それを上回るだけの出費が予想されていて、二〇一九年度当初の一般会計は一二年ぶりの赤字予算を組まざるを得ないという状況になっています。つくば市は、日本全体が少子化あるいは人口減という状況の下できわめて異質なところです。二〇〇六年に開通したつくばエクスプレス線の四つの駅周辺の開発が進んでおり人口が増えていますが、鉄道から遠い周辺の市街地は、逆に人口減で児童生徒が少なくなっているという複雑なかたちの町になっています。

2　つくば市における小中一貫教育実施までの経緯

つくば市が小中一貫教育を実施するまでにどんな経緯をたどったか。つくば市で「小中一貫教育をやりましょう」ということでスタートしたのが二〇〇七年ですが、二〇〇七年から二〇〇九年にかけて一気に小中一貫教育の方向へ進みました。小学校、中学校合わせて五一校全部で小中一貫教育が二〇一二年度に始まりました。その当時は春日学園だけが施設一体型の義務教育学校でした。他のところは中学校を核にして一四の学区にまとめ、そこで一つの小学校と一つの中学校とか、一つの中学校と三つの小学校とかを組み合わせて一四の学園をつくり、とりあえず全部の学校で小中一貫教育をやるというかたちでスタートしました。その中でかなり厄介な問題が起こり始めていると感じております。

私が教育長に就任してから、「こんなことでいいのか」と思い、とにかくこれまでのつくば市の教育施策全体を見直そうということで、二〇一七年に小中一貫教育検証委員会を立ち上げました。教育長に就任した直後から、後遺症と言ってもいいこの課題をどう解決していくか私の大変な仕事と考えております。

私が教育長になって最初の校長会の話です。この章の冒頭にふれたように、旧筑波町のエリアで七小二中を統廃合する案件が大問題になっていました。つくば市に当時は五一人の校長がおり、「あなたがた五一人の校長がいながら、九校も廃校にしてこんな学校をつくることに誰一人反対しなかったのか。情けない」と叱り飛ばしました。「こんなことは愚挙であり暴挙なんだ」と。

前の市長と教育長は三期一二年やっています。教員たちは「教育長に異を唱えると次の人事異動でどうされるのか」と思うから、誰も反対と言えず、つくば市の小中一貫教育が進められたのです。

3　九校廃校までの顚末と大型義務教育学校の問題点

つくば市は二〇一八年度の四月に一五〇〇人規模の義務教育学校を三校同時に開校しました。その中の二校は当初から中心市街地（開発が進むつくばエクスプレス駅周辺）に建設し、二〇一八年度の四月に開校する計画で進めていた学校ですが、旧筑波町にあった九校（二中学校、七小学校）を一挙に廃校にした秀峰筑波義務教育学校という名称の学校の建設と開校については、その過程で相当の紆余曲折《うよきょくせつ》があったとされています。住民や保護者たちにかなりの反対があったにもかかわらず、地元の有力者がゴリ押しし、強引につくることにしたと聞いています。実際、資料を調べて見ると、つくば市の教育委員会で「つくば市学校等適正配置計画について」の原案をつくり、二〇〇八年二月時点でパブリックコメントにかけた時に、筑波地区の一一の団体が連名で、しかも筑波町の元町長を代表者として、こういう学校をつくるのはやめてほしいと要望書を出していることがわかりました。その一部を紹介すると次のようなものです。

「(筑波地区は少子化が進み学校の存立を危うくしていることは確かで)私たちが往年の活気を取り戻したいと苦心している時に、これに逆行するような学校の統廃合計画については憂慮せざるをえません。」

「地域コミュニティの崩壊を防ぐためには、最後まで地域の中核としての学校を維持存続させるべき方策を考えるべきではないでしょうか。」

「(学校の)規模の大小と教育内容の充実とは必ずしも比例するわけではありません。」

「学校は地域の統合であり、学童は地域社会の未来であり、希望でした。統廃合を進めることによって、学校のそうした地域との密接なつながりが分断されるか、あるいは希薄化する時、地域の教育力の低下が心配されるところです。」

「市内人口の二極分化の中で、周辺地区が不利益を蒙《こうむ》ることになるような事態は極力回避しなければならぬと思います。」

私は、こうした反対理由はまっとうなものであると思いますし、教育長に就任した翌日すぐに廃校される九校を見にいきましたが、どの学校も廃校する必然性はないものでした。それだけに、九校の廃校はまさに暴挙であり愚挙であるといわざるをえません。この学校の建築に費用が五四億円、開校後一一二〇名の児童生徒を登下校させるために、通学地域が広いためスクールバスを使うしかなく、その数二〇台、かかる費用が年間約二億円になります。これだけの費用を校長の裁量経費として全校に配分し自由に使ってもらえたら、つくば市の教育の質をどれだけ向上させることができたかと考えるだけでも本当に悔しく思います。

さらにいえば、廃校になった九校に配置されていた教員数は、校長、教頭を含めて約一一〇名、それが一校に統合されたことで教員数は一挙に約半数近くまで減り、児童生徒を見る目が一気に減少したことになります。当然、多数の児童生徒を少ない教員で見ることになりますから、児童生徒の行動を統制せざるをえなくなるという問題も出てきています。また、ＰＴＡ組織も校区が広すぎるため役員や保護者の連絡調整が困難になり、うまく運営できない状態になっているとも聞きます。加えて、新しい学校が遠くに行ってしまったということで、地元住民の学校への関心や愛着も薄れてきているという報告も出てきています。大規模の統廃合を断行したことに伴うこうした問題をどう解決することができるか。まさに難問山積という状態です。

4　検証委員会による問題提起

では、次に検証委員会でどんなことが明らかにされたか、どんなことが指摘されたかについて述べます。

まず、一つめは、小中一貫教育によってつくば市の教育が等しく――中心市街地の学校においても周辺市街地の学校においてもという意味ですが――好ましい効果が実際に見られたかということが検証されました。この点について結論をいえば、そうはいえないということです。つくば市は前市長が「教育日本一」を看板に掲げていました。この看板は私が教育長になってからすぐに外しましたけれども、「教育日本一」というと、中身がどうであれ、勝手に「学力日本一」というように当人も考えているし、周りも誤解します。

確かに、つくば市というところは研究学園都市であり、国立と民間を合わせると一五〇ほどの研究所が集中しています。大学も、筑波大学をはじめ三つあります。市の中心部には公務員宿舎が集中していて、研究者たちが二万人か三万人住んでいます。研究所や大学に勤めている人はほとんどが高学歴者ですが、そういう人たちが中心部に全部集中しています。ですから、ある小学校の学校要覧で親の学歴を見たら、大学院卒が七割。残りがほとんど大学卒でした。こういう保護者の学力構成というのは他の地区にはないと思います。いわゆる「地頭《じあたま》がいい」子どもたちがいるわけです。だから、つくば市の特に中心部の学校の学力が高いのは、学校でいい教育をしているから成績がいいというのではなく、高い素質の子どもたちが多くいるからいい成績が出るということなのです。ところが、前任者たちは、小中一貫教育をやっているから、あるいはICT教育を早くからやっているからつくば市の子どもの学力が高いのだと言っていたわけです。

しかし、周辺市街地の学校は、全国学力テストで平均まで届いてない学校も少なからずあります。なのに、中心部の方は、全国平均より一〇ポイントから二〇ポイントぐらいは上回っていますから、平均に均《なら》すと完全に全国平均を上回ります。秋田県とか福井県の成績がいいといわれていますが、つくば市はそのさらにその上を行っています。こういう状態ですから、本当は「教育格差日本一だ」といわれていることも、私の耳には入ってきています。ですので、どの地域の学校にも等しくプラスの効果があったかというと、そんなことはない。地域の格差の解消にはなってないということです。

二つめです。『中一ギャップ』がなくなる」という点を検証していただきました。小中一貫教育をやると「中一ギャップ」がなくなると、全国どこでも小中一貫教育のプラスの効果としていわれていますが、検証委員会は、「中一ギャップ」解消の効果はほとんどなく、むしろ新しく「小六問題」が出てきているのではないかという問題提起をされました。とりわけこれは、施設一体型の大規模な義務教育学校で見られるという指摘をしてくれました。

来年（二〇二〇年）の四月から新しい学習指導要領に基づいて新しい学校教育を進めることになりますが、つくば市でも今それに合わせて新しい方向での教育に切り替えようと教育大綱を策定しているところです。総合教育会議でずっとディスカッションを進めていますが、二〇二〇年四月から新しい考え方に基づいたつくば市の教育をスタートさせようと思っています。その中で、「小六問題」にどう対応していくか新機軸を出そうと考えています。具体的には、小中一貫教育で導入された「四・三・二制」の区切りを止めて小中学校分離の「六・三制」に戻そうと考えています。小中一貫教育を前提とした義務教育学校の建物をいまさら二つに切り離すわけにいきませんので、とにかく考え方として、小学校段階は小学部として、（今は前期課程といわれていますが）「小学部」というようなネーミングにするとか、後期課程も「中学部」というネーミングにし、小学部の卒業をはっきりさせるために卒業式をやる。中学部に行けば中学部の入学式をはっきりやるというような、けじめをつけるような形でやっていきたいと考えているところです。

つくば市の新しい市長は「世界のあしたが見えるまち」をつくると、就任以来ずっと言っています。そこで私は、だったらつくば市は「世界の明日の教育のトップランナーになります」と宣言しています。ですから、経済成長の下僕に成り下がっている今の公教育ができないことをつくば市ではやり始めますと。そのぐらい一歩踏み込んだ新しい教育に挑戦しようと考えているところです。私案ですが、全国学力テストからの離脱も考えています。

三番目です。「大規模な義務教育学校は地域の核としてのコミュニティづくりに機能しているか？」という指摘もいただきました。これについては、「ほとんどしてません」という結論でした。とりわけ旧筑波町の九校を統合した秀峰筑波義務教育学校は、地域づくりの核になるどころか、問題山積です。毎日、年間二億円かけて二〇台の大型バスで子どもたちを通学させていますから。残りの三つの義務教育学校も、新しい住民がどんどん入ってきますから、ほとんど住民の連携が取れていない状況です。これらの地域も、地域づくりを念頭にしながらどうしていくか考えざるを得ない状況です。

四つめですが、同じ小中一貫教育でも施設分離型のほうが施設一体型より好ましい効果が多くみられるという指摘もありました。こうした指摘を踏まえ、今後どうするかを考えていかなければならない状況にあります。

5　今後の対応

今後の対応について四点挙げます。

まず一つ目ですが、つくば市には小中一貫教育を前提にした義務教育学校がすでに四校あります。その四校に在籍している児童生徒が今や五〇〇〇人になっており全児童生徒数の四分の一を占めるまでになっています。ここまで増えると、小中一貫教育を止めるという選択は難しいと思っています。だとしたら、旧来の「六・三制」、小学校、中学校が分離していたときの旧来のメリットやよさをどう生かしていくかということでつくば市独自の小中一貫教育をやらざるを得ないと考えています。

二つめは、新たに顕在化した「小六問題」をどういうふうにするかということです。これについては、六・三制のよさをできるだけ生かすようにする。だから旧来のよさを生かしていくということで考えています。

三つめです。「これからも、現在あるようなどでかい学校をつくり続けるのか」ということです。私の判断では、五校目はつくるべきではないと考えています。「義務教育学校」は英語で言ったらCompulsory education あるいはCompulsory school です。「義務教育学校」と言っていますが、英語のもともとの意味は「強制学校」です。秀峰筑波は、英語では〝秀峰筑波Compulsory school〟と堂々と看板掲げています。Compulsory という英語の意味がわかる外国人が見たら、「何だこれは?」と思うかもしれません。Compulsory つまり、否応《いやおう》なしに入学させられる施設と思うと思います。私は、議会で質問されて「この学校は私には教育施設に見えません、収容施設に見えます」と言いました。そしたら、新しい教育長は「収容所を造った」と言ったと言われてしまいました。さらには、地元の人たちは「新しい教育長は監獄を造った」と、

「とんでもない教育長が来た」と言っていると聞いています。

四つめになります。周辺の市街地の学校をどう立て直していくかが課題です。また、中心部の学校は新住民がどんどん流入してくる状況ですので、コミュニティがつくれないような状態でこれをどうするかが課題です。私は、自分がつくり使ってきた「社会力」という資質能力が重要になると考えています。市長も言っていますが、つくば市は「学歴偏重から社会力育て」へ舵《かじ》を切る、これからは「学力オンリーじゃなくて社会力を育てる」教育をしっかりとやっていくことを核にし、そういう方向で二〇二〇年の四月からやっていきたいと考えているところです。

まだまだ抵抗勢力が多いものですからどこまでできるかわかりませんけど、とにかくやれるだけはやらないと、私が教育長になった意味はないと思って取り組んでいきたいと考えています。

第4部　小規模校を守る

第9章　小規模教育、複式学級の教育的意義

藤岡秀樹

少子化に伴い、全国各地で「学校統廃合」が加速化しています。「小規模校では切磋琢磨《せっさたくま》ができない」「複式学級になると学力が低下する」などのエビデンスに基づかない言説が、一部の教育委員会で流布されています。このような言説は、事実なのでしょうか？　筆者は、小規模教育・へき地教育・複式学級の指導などについて、教育心理学の視点から研究をしてきました。本章では、小規模教育や複式学級の指導の教育的意義について明らかにします。
最初に、小規模校で学んだ中学生の感想を紹介しましょう。

小規模な母校　ほこれること

中学生　I（奈良県　一二歳）

僕がこの春卒業した小学校はとても小規模で、児童はわずか五四人だった。一学年の人数が少ないので、ほかの学年の子とも当然のように遊ぶ。みんなが仲の良い学校だ。一人一人の名前を全員が知っている。

ほかにもほこれることがある。この学校ではあいさつ日本一を目指している。僕たちのあいさつは、やらされているのではなく、「がんばる」気持ちから生まれた心のこもったあいさつだ。

また、休み時間が楽しくない子はいないと思う。はずかしがりの子が「（遊びの輪に）入れて」と言えなくても、この学校では必ずさそってくれる子がいるからだ。

そんなふうに小規模校は小規模校でいいところがたくさんある。さみしそうに思われるかもしれないが、ぜんぜんそうではない。一人一人が認め合い、がんばった子はがんばったと認め合い、苦手なことはできるようになり、得意なことはさらにのびる。とてもいいと思いませんか。僕はこんな自分の母校をほこりに思う。

朝日新聞大阪本社版「声」二〇一九年四月一九日

＊原文では、投稿者名（男子生徒）は実名で掲載

この投稿記事には、小規模校の「よさ」が示されています。児童数五四人なので、離島などの高度へき地校（注1）のような極小規模（全校児童・生徒数が一〇人未満）ではありませんが、子ども同士

のつながりが密接で、縦割り活動を通して異学年交流が促進され、「助け合い」「学び合い」ができていることが窺《うかが》われます。全教職員も、全児童も固有名詞で呼び合い、語り合いができていることがわかります。

1 複式学級の指導とその現代的意義

(1) 複式学級の現状

複式学級とは、二箇学年を同時に指導する学習形態で、小規模校で見られます。「公立の義務教育諸学校の学級編制及び教職員定数の標準に関する法律」で、二つの学年の児童・生徒で編制する学級は一六人(ただし小学校第一学年を含むときは八人)と規定されています(藤岡2010)。実際は、欠学年があり、複式学級の編制が隣接学年で構成できない、いわゆる「飛び級複式」になることも多くなっています。

二〇一八年度の文部科学省学校基本調査では、小学校では四五二七学級、中学校では二〇七学級が複式学級となっています。ちなみに二〇〇八年度の結果は、小学校では六一九八学級、中学校では一六九学級であり、小学校での減少率が大きくなっています。また、二〇一六年度から義務教育学校でも複式学級が開設され、二〇一八年度では、二二学級となっています。かつては、三箇学年を同時に指導する複々式学級も存在しましたが、現在では解消しています。

二〇一七年度の文部科学省学校基本調査によると、小学校では、北海道が六四七学級と飛び抜けて多く、二位が鹿児島で五一五学級、三位が福島で二〇一学級、四位が岩手で一八六学級、五位が山口で一七六学級となっています。中学校では、北海道が一位で三五学級、二位が鹿児島で三一学級、三位が沖縄で一五学級、四位が福島と長崎で一一学級となっています（藤岡2018）。

中学校では、単式であっても教員定数の関係から、免許外教科担当（例えば、数学の免許しか保有していないのに、理科や体育を担当する）になることもあり、まして複式編制の場合、教員の教材研究の労力は大変なものになり、教員加配の措置をとっている自治体もあります。

複式学級は、へき地指定を受けている学校に多く設置されていますが、近年、小規模校化が進み、へき地指定がない学校にも多く誕生しています。鹿児島や長崎、沖縄などの離島（島嶼《とうしょ》部）がある県と北海道、東北に複式学級や小規模校が多くなっています。

（2）複式学級の指導法

複式学級の指導法については、詳しくは藤岡（2010）に譲りますが、概要を紹介しておきましょう。単式学級では、一単位時間全てが直接指導ですが、複式学級では直接指導（通常の単式学級と同様に教師が対面授業を行う）と間接指導（他の学年が直接指導を行っている時は、必然的に対面指導ができず、自学自習になる）の両方を行うのが原則です。間接指導（二〇～二五分程度）では、ワークシートを使った自学自習や児童・生徒の話し合い、ガイド学習、ＤＶＤの視聴などが行われます。授業の冒頭では、同時直接指導として、共通目標を確認させます。上学年の児童・生徒に昨年度学習したことを振り返らせ、下学年の児童・生徒に興味・関心を喚起させたりして、動機づけを図ります。

複式学級では、二学年を同時に指導できないため、学習過程をずらして組み合わせることを「ずらし」と呼んでいます。北海道立教育研究所・北海道教育大学（２００１）では、学習過程を、①問題把握、②解決努力、③定着、④習熟・応用の四段階として捉え、「ずらし」を取り入れた指導を勧めています。第一段階では、下学年が新単元の①問題把握（直接指導）を行うときに、上学年は前時の単元の④習熟・応用（間接指導）を行います。第二段階では、下学年が②解決努力（間接指導）を行うときに、上学年は新単元の①問題把握（直接指導）を行います。第三段階では、下学年が③定着（直接指導）を行うときに、上学年は②解決努力（間接指導）を行います。第四段階では、下学年が④習熟・応用（間接指導）を行うときに、上学年が③定着（直接指導）を行います。単元全体の学習過程を上学年と下学年でずらすことで、それぞれの学年の直接指導の時間を増やし、ゆとりをもった指導ができるようになるのです。基本的には、同単元異教材の指導が原則です。

他方、同単元同教材の指導もあります。これは、隣接学年で学級が構成されている場合に多く、実質的には単式学級と同じ形態になり、「音楽」や「体育」などの実技教科や「特別の教科　道徳」「総合的な学習の時間」に適しています。同じ内容を学習するために、学年を超えて協力しあい、協同的な学びができ、話し合いや発言の内容も深まることが期待できます。

学年別指導は、単式学級と同様に各学年別に指導を行うものです。異単元異教材や両学年で異なった教科を学習する場合であり、変則複式（飛び級複式）の場合も用いられますが、「個」に応じた指導が教科が異なったり、単元・教材の内容が大きく違ったりして困難になります。

二年間で教育課程を完成するという考え方で、年間計画を編成するのが、「A学年度・B学年度方式」です。例えば、五年と六年で構成している場合、ある年度は両学年とも五年の学習内容を、翌年度は六年の学習内容を学び、実質的に同単元同教材の指導（＝単式化）を行うのです。児童の転出入がきわめて少なければ、可能な指導法といえます。小学校学習指導要領（文部科学省２０１７）では、一二学年まとめて「目標」と「内容」が提示されている教科等は、「国語」「生活」「音楽」「図画工作」「家庭」「体育」「特別の教科　道徳」「外国語」「外国語活動」であり、これらの教科等に適している指導法です。

間接指導時に、児童・生徒がリーダーシップをとり、ガイド役（司会者）となって「小先生」として学習を進めていく方法が、「ガイド学習」です。とりわけ、一学期ではガイドを育てると共に、フォロワーの育成も大切です。ガイドは固定するのではなく、教科や一定期間ごとに交替させ、全員がガイドとフォロワーを経験することが肝要です。

「合同学習」は、校内の三箇学年以上の複数学年が合同で同一テーマで学習することで、「全校体育」や「全校音楽」や特別活動がこれに該当します。他方、「集合学習」(注2)は、複式学級のある小規模校同士が一箇所に集まって学習をしたり、分校の児童・生徒が本校に出かけ、本校の児童・生徒と一緒に学習をする指導形態です。固定化した少人数の学習では得られない、集団の学びを体験することができます。「音楽」「体育」や「総合的な学習の時間」の発表など一〜二単位時間で完結できる学習に適しています。学校統廃合を回避し、小規模校を存続させるために行っている宮崎県五ヶ瀬町の「G授業」(注3)が有名です。

(3) 複式教育の現代的意義

複式教育の現代的意義を藤岡(2010、2018)をもとにまとめてみましょう。第一に、少人数指導であり、児童・生徒一人ひとりに「個」に応じた指導ができ、「基礎・基本」の確実な定着を図ることができるということです。発問回数の増加や発表時間の余裕、教師の「見取り」が十分に保障できることにより、適切な評価と評価の即時フィードバックができます。

第二に、異学年の交流を通して学習が促進され、学年を超えた「学び合い」ができるということです。

第三に、間接指導を通して自己教育力が育つことです。「伝え合い」「学び合い」は、近年、教育心理学で注目されている「協同学習」と通底する考え方です。

第四に、児童・生徒の自治能力が高まることです。複式学級では構成員が少ないため、学級の役割分担も全員で担い、上学年生のリーダーシップが育ち、下学年生は向上心が高まるのです。

第五に、コミュニケーションの能力やメタ認知能力の向上を通して、「学びの質」の高まりが形成されることです。

第六に、児童・生徒の実態や地域の特性に応じた教育課程の弾力的編制ができることです。その根拠としては、小学校学習指導要領（文部科学省〔2017〕）の「第1章　総則」の第2の3―⑴で、「学校においては二以上の学年の児童で編制する学級について特に必要がある場合には、各教科及び道徳科の目標の達成に支障のない範囲内で、各教科及び道徳科の目標及び内容について学年別の順序によらないことができる。」と記載されていることを挙げておきましょう。

第七に、複式教育では、「主体的・対話的で深い学び」（いわゆる「アクティブ・ラーニング」）が、間接指導を軸として行われることです。ガイド学習も、児童・生徒同士の主体的・対話的な学びであることは自明であり、単式学級へ波及させることが求められていると思います。

岩手県教育委員会（2005）は、「複式学級のよさ」として、①相手の立場や気持ちを尊重した気付きや感じ方が身に付くことと、②主体的・自主的に活動する力が身に付くことを挙げています。①では、上学年の児童は下学年の児童に対して、自分の以前の姿を重ね合わせながら活動を共にすることにより、思いやりと寛容の精神をもって接することができるようになり、自己の成長に気付くこともできます。下学年の児童は、上学年の行動を手本としたり、上学年の児童の励ましや支えの中で活動したりするよさがあることを指摘しています。②では、複式では低学年の頃から学習訓練や学び方、また活動するうえでの様々な約束事を指導され、指示待ちではなく、主体的・自主的な態度を身に付けるため一層努力することを指摘しています。

また、全国へき地教育研究連盟が文部科学省に提出した「次期学習指導要領に向けたこれまでの審議のまとめ」についての意見（二〇一六年一一月四日）で、複式学級における間接指導の特徴を述べた後、「単式学級において、児童生徒が課題解決に取り組む場面における教師の在り方、一つの学級の中で二〜三種類の課題別に授業を行う場合においても有効と考える。このように、へき地・小規模・複式学級の教育には、現在求められている教育の質の向上に生かせるものが数多くあると考えている。」と教育的意義を述べています。

2　小規模教育・へき地教育・複式学級への誤解やエビデンスに基づかない言説に対する反証

小規模校、まして複式学級では学力が低下するという言説は、事実でしょうか？　この言説が、「学校統廃合」の根拠となっています。これに対する反証例を紹介しましょう。

岩手県教育委員会（２０１８）は、複式学級の児童の学力（県学習定着度状況調査、小学五年）を全県平均と比較したところ、二年連続で複式学級の児童の方が学力が高いことを見いだしました。複式学級在籍児（四一一名、二〇一七年度）の正答率は、国語六三・九パーセント、社会七四・八パーセント、算数六二・八パーセント、理科七〇・五パーセントであるのに対して、全県平均の正答率は、国語六三・六パーセント、社会七二・三パーセント、算数五八・三パーセント、理科六八・一パーセントであり、複式学級の優位性がわかります。とりわけ、算数の差が大きいです。複式校と非複式校に分けて比較すると、その差はさらに大きくなります。

文部科学省の全国学力調査で好成績を修めた事例でも、全学年単級の小規模中学校（生徒数約六〇名、二〇〇九年、へき地指定一級）の正答率が、国語・数学共に正答率が全国平均を上回っており、とりわけ「活用」を調べる「Ｂ問題」で顕著であったことが示されています（当該校の正答率は国語八四・三パーセント、数学七五・五パーセントであるのに対して、全国平均は国語七五・〇パーセント、数学五七・六パーセントでした）。当該校では、「個」に応じた指導計画や話し合い活動、グループ学習を積極的に採り入れていました。

小規模教育・へき地教育・複式教育は同一の教育ではないものの、共通点が多いといえます。かつてのへき地教育は、劣悪な地域環境と教育環境であり、都市部と比べて児童・生徒の学力が低かったのは事実です。藤岡（2017）は、一九五〇年代半ばの岩手県と京都府のへき地教育の報告書の分析を行っています。とりわけ、前者の下閉伊《しもへい》郡のへき地校の実態は、経済的貧困、低学力（北東北は全国平均よりも低く、さらに対象地区は県平均よりかなり低い）、児童労働による長期欠席、家庭の教育力の低さ、学校の設備等の未整備など、劣悪な学習環境であることが見いだされました。

この研究から三〇年経過した一九八八年に、国立教育研究所（当時）は、小学校のへき地校と非へき地校を対象に、総合的・体系的な実態調査を行いました。一九六三年当時との比較では、へき遠性は縮小していました。へき地校のメリットとして、①小規模で教員一人当たりの児童数は、非へき地校の半分以下であること、②不登校が少ないこと、③授業中に質問や発表の機会が多く、役割や責任を果たす機会が多く、自主的・協力的な態度の育成が容易であること、④教師と児童との緊密度が高いこと、⑤児童一人ひとりに対するきめの細かい指導や全人的な児童理解が容易であることを見いだしています。

この指摘は、現在も大きな相違はありません。不登校の出現率やいじめの発生率は、大都市部や大規模校では増加傾向にあり、その差は拡大しています。

3　小規模教育・へき地教育のデメリットを最小化しメリットを最大化する

「学校統廃合」をすれば、小規模教育やへき地教育のデメリット（誤解と偏見から生じているものが多いのですが）が直ちに解消できるというのは、科学的ではありません。「地域の子は地域で育てる」という考え方こそが、コミュニティスクールの理念です。学校は地域の「文化センター」であり、災害時の避難施設でもあります。スクールバスで一時間以上通学にかかり、夏休みなどの休暇時は、スクールバスの配車がなくて部活動ができないなどの「学校統廃合」のデメリットも検証すべきです。

小規模教育・へき地教育・複式教育の課題を改善する施策は、多様にあります。既述のように「集合学習」を採り入れることだけでなく、教員加配をして複式学級の解消や中学校の免許外教科担当者を減らす取り組みもあります。文部科学省の調査では、免許外教科担任の許可件数(注4)（二〇一六年度）は、中学校では「家庭」（二二八一件）、「技術」（二二四六件）、「美術」（九三八件）、

「数学」（四一七件）、「保健体育」（三九七件）の順に多くなっています。学力向上・学力保障という観点からは、自治体任せではなく、教員定数の緩和・弾力化が必要です。小規模校の一部では、専任教頭や事務職が配置されていない学校もあり、改善を求めたいところです。

ＩＣＴ機器の普及により、都市部の学校とへき地校、へき地校同士を結んだテレビ会議システムを使った遠隔授業も積極的に導入したいものです。遠隔授業は、小・中学校のみならず、小規模高校でも取り組みが開始されています。

複式学級の指導に関する教員研修の充実も重要な課題です。複式校の多い県以外では、教育センターの研修はほとんどなく、新たに複式学級担任となった教員は、手探りの状態です。教員研修の企画や充実については、教職大学院や教育学部の責務です。

小規模校の児童・生徒数を増加させる施策として、小規模特認校制度と山村留学制度がありま す。前者は、通学区域の弾力的運用を図るもので、一九九七年に始まりました。児童数が三倍に増加したり、児童の四分の三が校区外から通学する学校もあります。都市部でも運用されていま す。

後者は、人口が少ない地域（へき地や離島）の小規模校に他自治体（県外を含む）の児童・生徒が留学するという制度（里親方式、親子〔家族〕方式、寮方式）で、一九七六年から始まりました。二〇一七年度は二二道府県、六七市町村で実施されました。藤岡（２０１９）は、鹿児島県の山村留学制度についてまとめ、事例として三島村の「しおかぜ留学」を取り上げ、教育長に面接調査を行っています。村内の学校は小・中併置校四校（小学生四三名、中学生一八名、へき地指定五級）から成っています。不登校やいじめなどで学校に行けなかった子どもが、留学で心の傷が癒《いや》され、登校できるようになったことや、「個」に応じた丁寧な指導ができるなど、小規模教育の「よさ」を見いだしました。

義務教育完全無償化を行い、UターンやIターンによる住民増で学校を活性化した自治体もあります。見識のある教育長や首長のもとで、「学校統廃合」をせず、小さくてもきらりと光る学校づくりに取り組んでいる事例もありますが、紙幅の都合上、別の機会に譲りたいと思います。

最後に、へき地教育の先達が、「地域にへき地はあっても、教育にはへき地はない。」と語り続けてきたことをもう一度確認しておきたいと思います。

（注1）へき地指定は、地域や居住環境の変化に伴い、約一〇年ごとに指定変更が行われます。「準へき地」から「五級へき地」まであり、数値が大きくなるほど、へき地性が強くなり、三級以上を「高度へき地」と呼んでいます（藤岡2010）。へき地性は、①自然的悪条件、②へき遠性、③文化的停滞性、④教育的低調性、⑤社会的封建性、⑥経済的貧困性――の六特性から成ります。地域の振興や環境の整備などにより、近年はこれらの特性は薄れつつあるのが現実です。

北海道は、小規模へき地校が多く、全道の小学校の三六・九パーセント、中学校の三八・八パーセントがへき地指定校です。日高、檜山《ひやま》、留萌《るもい》、宗谷、根室管内は全ての小・中学校がへき地指定を受けています（二〇一六年度、北海道教育委員会のホームページより）。

（注2）鹿児島県出水市の小学校の「集合学習」の事例が読売新聞（２０１２）に紹介され、筆者が取材を受けてコメントをしました。

（注3）Ｇは「五ヶ瀬」を指しています。「集合学習」についての視察が多いのですが、さらに東京大学、京都大学、早稲田大学などで構成する「大学発教育支援コンソーシアム」の協力を得て、協調学習を採り入れています（朝日新聞（２０１０））。「Ｇ授業」については、ブログ（ＵＲＬ　https://cms.miyazaki-c.ed.jp/ssc025/htdocs/?page_id=16）が参考になります。

（注4）文部科学省免許外教科担任制度の在り方に関する調査研究協力者会議報告書（二〇一八年九月一八日）の基礎データ集より引用。

文献

朝日新聞（２０１０）「小さい学校　集まって授業」二〇一〇年一一月二八日付朝刊。

藤岡秀樹（２０１０）「複式学級の指導法についての研究――教授方法を中心に」『京都教育大学紀要』一一六、一五三～一六四ページ。

藤岡秀樹（２０１７）「へき地教育再考――一九五〇年代の報告書に焦点を当てて」『京都教育大学教育実践研究紀要』一七、二三七～二四八ページ。

藤岡秀樹（２０１８）「複式学級の授業づくり」『今日からはじめる楽しい授業づくり』七、五八～

六五ページ。

藤岡秀樹（２０１９）「山村留学制度に関する研究――鹿児島県の事例に焦点を当てて」『京都教育大学紀要』一三四、七九～九一ページ。

北海道立教育研究所・北海道教育大学（編）（２００１）『複式学級における学習指導の在り方――はじめて複式学級を担任する先生へ』。

岩手県教育委員会（２００５）『岩手の小規模・複式指導ハンドブック――初めて複式学級を担任する先生へ』。

岩手県教育委員会（２０１８）「複式指導のための資料集――五つの実践事例と一〇のＱ＆Ａ」『複式指導資料第三四集』。

文部科学省（２０１７）『小学校学習指導要領』。

斎藤弘・佐古順彦・橋迫和幸・藤田正春・耳塚寛明・屋敷和佳・山田兼尚（１９８８）「へき地教育の特性に関する総合的研究――子どもの教育環境としてのへき地性・小規模性の測定を中心に」『国立教育研究所紀要』一一六、一～一九六ページ。

読売新聞（２０１２）「小規模校の児童が『集合』」二〇一二年六月二二日付朝刊。

第10章　魅力ある学校、「地域の学校」

——署名で統合凍結に　高知県四万十市

門田雅人

二〇〇五年、高知県の中村市と西土佐村は市町村合併をして四万十市（人口約三万四〇〇〇人）になりました。本章では四万十市の中の旧中村市の地域の一つ、下田地区の住民と保護者が四万十市全域と連携して、行政提案の極端な中学校統合計画を一時凍結させた取り組みを中心に述べます。

1　前段階の旧西土佐村統廃合では保護者が分断

筆者の実家のある旧西土佐村の、後に統合対象となるいくつかの小学校に勤務した経験から、今回の保護者、住民の運動に「伴走者」の立場で関わりました。下田地区の話の前に、旧西土佐村の合併前後の事情について述べておきます。合併前の旧西土佐村では、一九七七年の中学校六校統合の際に、「統合問題可否研究協議会」で「中学校は統合するが地域住民から申し出がない限り教育委員会主導による小学校統合はしない」という答申が出されました。その後、八七年以後、五校が住民合意のもとに近隣学校に統合されました。しかし、約束は、二〇〇五年のいわゆる平成の大合併によって簡単に反故《ほご》にされました。

二〇一二年までに、第一段階として七校の小学校が、行政主導の統合計画によって休校となったのです。さらに、一六年から開始された「四万十市立小中学校再編検討委員会」の第二段階統合計画によって、行政の豹変《ひょうへん》と強制が地域住民・保護者を翻弄《ほんろう》します。一五年の文部科学省の統合「手引き」(第1章も参照)発表を契機に、全国的に市町村段階での、①少子化に向かう中での学校適正規模論、②いわゆる適正規模児童生徒による「切磋琢磨《せっさたくま》」論などを口実にして地域合意を無視する暴挙が連続したのです。

この統合計画が表面化した段階では、全市的な課題や問題にはなりませんでした。旧中村市の地域住民・保護者にとって、「西土佐地域に限定した統合問題」という意識が強く、「対岸の火事」、他人事に留まったのでした。

第一段階で統合反対の中核となったのは、旧西土佐村内で最も直近(一九九三〜九四年)に木造新築校舎になった本村小、西ヶ方小校区でした。統合先の川崎小と比べてもそれほどひけを取らない三〇名を超える児童数が存在したことも要因でした。

東日本震災避難者を受け入れた高知県東部の東川小の経験は「一人でも子どもがいれば学校はできる」ことを教えてくれました。しかも、本村小は過去の統合で隣接の権谷小児童を受け入れていたのです。今回の統合を認めると二重の転校負担を強いることになります。子どもにとって理不尽な「大人の都合」です。

しかし、反対拠点の二校はどちらも広大な西土佐地域にあって統合対象の川崎小に最も近接した立地条件にありました。中学統合実施以降に通学バス運行の経験が蓄積されてきてもいました。そんな状況も影響してか、地域住民、地域行事とともにあった地域の小規模小学校を大切にしたいという地域住民の声はかき消されてしまいました。

行政は、地域住民と保護者を離反させる戦略や手段を選択しました。保護者のみを対象に説明会を重ねたのです。保護者には「少子化による児童数減少」の危機をあおり、少人数小規模学校のデメリットとして「切磋琢磨できないこと」などのみを提起しました。教育委員会が力を傾注する「全国悉皆《しっかい》学力テスト結果が小規模校の方が圧倒的に高い」こと、「小規模校では行き届いた教育ができる」、「小規模校ではだれもが主人公になって活躍できる」ことなどに触れることはありませんでした。

行政の限定的な情報提示によって、保護者たちの意識が「学校は残したいけどしかたがない」傾向に傾いていくのは必然でした。強く反対する地域住民は、裁判も視野に「子どもの学ぶ権利」について学習を重ねて検討しました。しかし最終的には、保護者という直接の当事者でなくては提訴できない限界も突き付けられてしまいます。孤立してしまった運動は、西土佐地域の一つの学校さえ、ましてや全域統合の流れを止めることはできませんでした。現在、西土佐地域は先行した西土佐中学校とともに小学校も西土佐小学校として統合されて小学校、中学校は各一校ずつとなっています。

2　地域でつくり支えてきた学校でも

旧西土佐地域の須崎小も、やはり二〇一二年に統合休校（実質廃校）となった学校です。児童数が一桁となり苦渋の決断がなされました。一九七〇年頃から全校児童数が三〇名に届かなくなっていました。

旧須崎小の校庭には学校の百年記念碑があります。百年記念誌には一九三五年の八名の卒業生（筆者の父親を含む）の卒業写真が掲載されています。また筆者の祖父は一九〇三年卒業生の一〇名の一人として名前が記録されています。

百年記念誌によると、一八七二年、学制令がしかれて寺子屋が始まったとあります。義務教育とはいっても、茅葺《かやぶ》きの、大きさは二間《けん》×六間の崩れかかった家で、教室には阿弥陀様が祀《まつ》られており、毎日登校する生徒は限られていたとのことです。

やがて一八七六年、大宮尋常小分校として分教場が新築されました。その大きさは二間半×七間、瓦屋根で障子窓の小さな学校でした。本校の生徒から「マッチ箱の学校」と揶揄《やゆ》されて悔しかったと卒業生の記憶が記されています。

現在地に木造二階建ての校舎が建ったのは、太平洋戦争の敗戦後、一九五〇年のことでした。高台の土地を無償提供され、戦争から帰還してきた青年団の若者たちが四年にわたって鍬《くわ》とモッコで連日校庭の整備に取り組んだことが記録されています。自主的な役《やく》（八時間労働）を一一五五・三回分課し、休みという休みは全部、盆も正月もお節句も七夕様も必ず校庭を掘ったというのです。

今では「西土佐山間米」と紹介されることもある須崎地区の稲作ですが、かつては農地の近くを水量豊富な目黒川（四万十川の支流）が流れているのに農業用水としては活用できませんでした。先達の地域住民は協力して、蛇行し急峻《きゅうしゅん》な目黒川の上流から崖を削り水路を設置して水を導いてきたのです。自分たちの力で地域をつくり学校を築いてきた血と汗と努力の結晶として水田があり小学校も守り育てられてきたのです。

高知県内各地の小学校に百年記念碑が建てられています。それらの小学校全てが、つくられていった過程の中で、地域住民に瞳のように大切にされ、たくさんの笑顔に支えられて存在することに疑いの余地はないと思うのです。学校のこうした歴史を考える時、学校の統廃合問題というのは、その地域のあり方、住民生活の過去・現在・未来に関わるきわめて重い問題を含んでいるのだということを思わざるを得ません。

3　中村地区では地域協働の取り組みが

他方、旧中村市にある下田地区統合問題と関わることになる、四万十市の統合推進計画については、二〇一七年に「四万十市立小・中学校（第二次）再編計画（案）」が検討委員会の答申を受けて策定されました。一六年検討委員会発足時点から、西土佐地域での強引な統合決着は中村地区での本格的な計画の露払い的な役割を担わされたのだと思われました。

教育委員会の統合計画（案）を実体化するための説得活動は急展開しました。一八年一月から一年間の説明会で一九年四月には結論を得ることをタイムスケジュールとしたのです。すなわち統合決定の期限を定めたのです。基本的な姿勢としては、西土佐地区で効果的であった保護者と地域住民の離反を企図したと思われ、「保護者対象の説明会」を各地域で実施しました。

それは、①中学校再編計画（旧中村市内の中学校のうち八校を統廃合し二校にする案）を先行して説得する、②小学校再編のために九校を廃校にして四校の小学校に吸収統合するという案はその後の課題にするという戦略に見えました。地域住民をかやの外に置くやり方は、形式的ではあっても「学校統合に当たっては地域合意を基本とする」とする文部科学省の基本方針とも乖離《かいり》した、性急な姿勢です。再編計画に対して下田地区保護者、地域住民の対応は機敏で原則的な活動を展開しました。

4　保護者・地域住民学習会を組織

二〇一八年一月の下田中統合説明会に参加した保護者、住民の疑問と危機感が運動の出発点になりました。強引な統合によって統合中学が荒廃した土佐清水市の事例や、そこの統合説明会議事録を個人宅で読み合わせることから始まったのでした。運動の中心となった三名の保護者も参加しました。三月に結成された「下田地区の未来を考える会」としての学習会の中で賛成、反対、中立など色々な立場や考え方が意見交換されることで地域の関心は高まりました。第一回教育委員会下田地区説明会（参加者二一名）を経て第二回説明会の参加者数は約八〇名に増えました。「考える会」の学習会は先入観を持たない形で、三月初旬から二回、三回と意見交換や統合先行経験を持つ地域からの報告を聞く活動を続けました。「小規模学校のメリット、デメリット」、「南海地震津波の危険性」と、参加者数は四七名、五七名と増加の一途を辿《たど》ります。五月下旬の「教育委員会要請書回答」を巡る報告学習会を契機として「考える会」は「下田地区の学校を残す会――四万十市の未来を考える」(「残す会」)と改称、会の性格も「中立」の学習会組織から「統合反対」の方向性を定めることになりました。

その後、約一カ月で集めきった二種類の署名に象徴される取り組みの広がりには驚きました。行政は対象者を保護者に限定した説明会開催にこだわったのですが、孤立したたたかい方を避けて、常に地域住民が積極的に参加して質問や意見の表明を求めました。旧中村市全域の課題と下田地区の課題の関係と区別を明確にして協力・協働を呼び掛けました。地域に移住してきてしがらみのない新住民である保護者と、長く地域に居住して地域に愛着のある区長など従前の住民が、協力・協働・連携した取り組みになったことなどが特記されます。

5 行政や議会に向けて真摯な運動展開

一二月下旬から開始した二種類の署名「四万十市小・中学校再編計画の見直しを求める要望

書」、「四万十市立下田中学校の存続を求める要望書」は二〇一九年二月一日に市長・教育長に提出されました。他方で同日、四万十市議会へは署名提出の報告をしています。市政は市長を首長とする行政機関と住民自治代表者の議会が両輪となっているので、急所を押さえた対応でした。

教育委員会の学校再編説明会は、下田地区について第一回一八年一月、第二回五月、第三回一〇月、第四回一九年二月、第五回三月と学校存続を保護者に断念させようと、精力的に全力で保護者の説得に力を注ぎました。他の地域でも同様な説明会が主に保護者を対象に展開されました。私が傍聴者として参加した説明会でも、「ア　少子化に起因する児童生徒数の減少、イ　適正規模の学級定数で切磋琢磨の機会を……、ウ　通学バスやタクシーの配置で通学方法の確保を……」など具体的な数字や配置図を提示して説得に掛かっていました。

それに対する保護者、地域の声は、「小規模学校は行き届いた教育ができる。二一年度統合は急で速すぎる。市内人口の全体的減少衰退が危惧《きぐ》される。下田地区は市内一番の人口増加地域。南海地震津波対策など防災の観点が検討されていない。意見集約のアンケート対象が小学校保護者限定はおかしい。不登校や学力不振などの大規模校の問題点が議論されない。小規模校の取り組みの方が充実している現実もふれられない……。発言がいつも規制されるが地域住民の意見も反映されるべき。」などの正論が述べられていました。

「考える会」の運動は、説明会以外でも粘り強く展開されました。四月段階で、再編計画（案）に対しての要望書《意見集約アンケート対象をひろげてほしい》を教育委員会に提出しました。

近隣地域への説明と意見交換学習会、五月「中学校を残す会」発足、教委の説明会には八〇名の参加者で反対意見が多数でした。七月の教委によるアンケートへの下田小保護者の回答（回答率一〇〇パーセント）のうち、反対が八一パーセント、不安表明が九八パーセントでした（複数回答可）。市議会議員との意見交流では、統合賛成議員から運動への「支援」表明もありました。一〇月には統合問題についての市内各地域の意見交換会などを展開していきました。そして、一一月高知県教育研究集会「参加と共同分科会」に、「中学校を残す会」の代表者三名が保護者の立場で参加して運動を報告しました。原則的で見事な運動と、参加者に驚きと感動を与えました。分科会の研究協力者の一人であった私は今後の運動への支援を進んで約束しました。

6　署名活動で多数派を形成する

運動の大きな転機となったのは、署名活動に取り組んだことです。二〇一八年一二月の保護者自身が企画した学習会で、内田純一高知大学教授は研究者の立場から、筆者は小規模校経験教師の立場から、参加者に対して「学校を残すことの意義と地域の学校を守り育ててつくっていくこと」の大切さ、下田地区の運動が全国的にも稀な値打ちある取り組みであることを強調しました。

学習会終了後の懇親会で署名に取り組むことが確認され、その晩のうちに原案が作成されました。ものすごい熱量の運動でした。

「下田中学校の存続を求める要望書」では市教委のアンケートへの保護者の回答のうち、八一パーセントが反対し九八パーセントが不安を持っている事実を前書きにして、下田中の素晴らしさとして以下の内容を列記しました。

①一人ひとりに合ったきめ細かい指導や、異学年での学び合い、地域とのつながりなど、小規模校のメリットを最大限に生かした教育活動を展開する魅力ある学校であること。

②隣接する幡多郡唯一の児童福祉施設と連携しながら、さまざまな環境の子どもたちと真摯《しんし》に向き合い、教育実践を積み上げてきた貴重な学校であること。

③指定避難所の体育館や耐震性貯水槽を備える重要な防災拠点基地であり、その機能維持が必要であること。また、安全な場所にある学校に通わせたい保護者の願いが強いこと。

④下田地区は、自然環境に恵まれ、市内でも最も移住者が多く、保育や義務教育等の子育て環境を一層充実することで、更なる移住者や若者を迎え、人口増が期待できる魅力あふれる地域であること。

⑤国の重要文化的景観に選定されており、その文化的歴史的価値を保存・継承していくには、地域の特性を活かした特色ある教育環境を継続し、将来の担い手を育む必要があること。

結果、一カ月程度の署名収集運動の期間しかなかったにもかかわらず、下田地区の約二六〇〇名住民のうちで署名総数二四四四筆（うち下田校区一四〇六筆）を「集めてしまった」のです。

7 地域で学校を守り育てつくる活動を

私は、自分も参加傍聴した一九年二月の第四回学校再編説明会での象徴的な光景や発言を忘れることができません。

受付名簿には保護者氏名を書く欄しか用意されておらず、地域住民の参加を確認してから受付別紙が提示されました。保護者代表は小学校のアンケート結果を淡々と報告しました。圧倒的に多くの保護者が下田中学校（生徒数二六名）の存続を望んでいました。教育委員会は「賛成意見が表明できにくい地域の状況があるのではないか」と何度も言い募っていましたが、下田中学校校区の区長が発言を求めても「保護者対象の説明会ですから」と終了直前まで認められませんでした。校長経験者の発言要請に対しても同様の対応でしたが、終了直前に「小規模学校の行き届いた教育」を強調した元地元小学校経験者の発言は会場の空気を変えました。教育長も、署名用紙の内容を評して「この内容なら私も署名に協力すると思う」と発言せざるを得ませんでした。それでも、両者の溝は埋まらないままで遅くまでの話し合いは終わりました。

したがって、三月の第五回学校再編説明会について、それまでの教育委員会の姿勢があまりにも頑《かたく》なだったので、参加者は過剰な期待を持って参加することはありませんでした。しかし、「山は動いた」のです。そこで出されたのは、「統合実施時期は二二年四月として取り組む。これまでの保護者・地域との話し合いの結果、合意を得られない小学校校区においては実施時期を越えても適宜話し合いの場の設定や情報提供により引き続き児童生徒や保護者の疑問や不安解消に努めていくとともに、学校再編の必要性に対する理解を深めていく」という結論でした。事実上の統合凍結表明でした。しかも、下田地区と連携して活動を展開していた大用中学校（生徒数一〇名）と東中筋中学校（生徒数四〇名）の統合凍結存続も確定したのです。

「残す会」のまとめには、四万十市下田地区の保護者・住民の変容を「我が子中心から四万十市の未来（への関心の転換・発展）」と表現しています。それは以下のようなものです。すなわち最初は「中学校の統合は仕方ないかもしれない。少子化、統合はもう決まっている。（中略）統合の渦に巻き込まれるのは心配だ」という気持ちだったのですが、「下田中学校は残したい。地域に学校は必要である。選択肢は多い方がよい。声をあげよう。保護者で作戦会議を持とう」というように変化し、さらに「四万十市全体に広げたい。他の地域の住民も下田は反対したことを知る。あきらめていたけど決まっていないなら学校を残してほしい」と四万十市全体の未来を考える方向に変化したというのです。

そして「残す会」は、学校統合はまちづくりに関わる大きな問題とまとめています。意識の変化を肌で感じて実感していることがわかります。彼らは学校を存続させることだけを目的にしていたわけではありません。これから、保護者・地域住民の力で存続させながら、発展していく学校をつくる課題を背負ってしまったのだと思います。運動に参加した人たちは、小学校や中学校の保護者の役員も積極的に担っていくことでしょう。

文部科学省が提唱する、小規模学校存続の手法として「学校運営協議会」や「学校支援地域本部」の活用も視野に入ってくるのではないでしょうか。また、真摯な取り組みが教職員と協働できるなら小・中学校の連携や小中一貫校も検討する可能性を秘めていると思います。地域の活性化の手法としては高知県の尾崎正直知事が県政の柱に挙げている集落活動センターを立ち上げて学校と連携することも考えられます。人と人を繋いで地域と学校の営みを紡いでいきたいものです。

第11章　「なぜ複式学級解消か」を示せない行政とのたたかい

――保護者と地域の共同の力　広島県庄原市

今岡良道

広島県の内陸部にある庄原《しょうばら》市の旧東城《とうじょう》町田森《たもり》地区の住民は、小中学校統廃合計画の白紙撤回と小規模校・複式教育の充実を求めて、二〇一八年四月一一日、五〇五人の署名簿を市長、市議会議長、市教育長に提出しました。署名は、地区の有権者（一八歳以上）の八割を超える数となり、地区住民をはじめ小学校や保育所の保護者を含めた地域の総意として、意思を表明したものです。

中国山地の農村に突然持ち上がった小学校存立の危機。そこに暮らす地域の住民、保護者や子どもたちはどのように受け止め、どのように対処していったのでしょうか、そして子どもたちの教育について何を考え、行動したのでしょうか。

1　庄原市立粟田小学校

丘の上の広いグラウンドから、子どもたちの賑やかな声が聞こえてくる。学校に続く坂道を上がると、赤い屋根の校舎が周囲の野山と見事なコントラストを描いてたたずみ、物語に出てきそうな雰囲気に思わず駆けだしてみたくなる――山の向こうは岡山県、県境からわずか二キロメートルという広島県の東の端、北に鳥取県を望む広島県庄原市立粟田《あわた》小学校です。明治六（一八七三）年創立と歴史は古く、一九六一（昭和三六）年に現在地に新築移転しました。その後、一九九〇年に発生した校舎管理棟の火災により、一九九三年八月に現在の新校舎が落成しました。

校舎のほか広いグラウンド、体育館、水泳プールと施設は整っており、二〇一九年一月現在の児童数は二二人、単式学級二と複式学級二の計四学級編制となっています。市教委による児童数の推計では二〇二三年で二〇人三学級と見込み、大きな変動はないとしています。一方、島根県中山間地域研究センターの推計では、二〇一六年の小学生人口三四人が、二〇二六年に三〇人、二〇三六年に四二人、二〇四六年に四九人と将来、減少から増加に転じるとしています。これまでの人口動態に基づく推計であり、地域が二〇一三年から取り組んでいる定住対策の成果ともいえ、期待感が高まっています。

栗田小学校があるのは庄原市東城町田森地区。といっても地図で「田森」という地名を探してもどこにも出てきません。歴史を遡《さかのぼ》ると、一八八九（明治二二）年に粟田村と竹森村との合併により田森村と称したのが始まりで、その後一九五五（昭和三〇）年に一町六村が合併し東城町、二〇〇五（平成一七）年に一市六町が合併し庄原市となりますが、旧村の名をそのまま地区名として現在に残しているのです。

粟田小には、一九三四（昭和九）年、粟田尋常高等小学校の尋常科六年生と高等科二年生合わせて四二人の児童が二人の訓導に引率され、卒業記念の修学旅行で訪れた国定公園帝釈峡（神龍湖）で遊覧船が転覆し、乗っていた児童一一人と訓導二人が帰らぬ人となった痛ましい殉難の歴史があります。当時の記録によると、村民が総出で連日救難活動や行方不明者の捜索に当たったことが残されています。歳月が流れ、事故から八五年を迎えた二〇一八年秋には、地区の自治組織である田森自治振興区と粟田小学校が共催する「粟田尋常高等小学校神龍湖遭難八五周年殉難者追悼式」が行われました。

村史に残る悲劇は、当時の清心な人々の姿とともに今もなお地域の人々の心に深く刻まれています。地域と小学校の縁の深さを知るとともに、現在進めている「地域と共にある学校づくり」の原動力となっているのかもしれません。

2　市教委の学校統廃合をめぐる動き

庄原市における小中学校の統廃合計画策定に向けての動きは、二〇一六年五月三〇日に庄原市学校適正配置検討委員会が設置されたことから始まりました。その前年、二〇一五年五月一八日に開催された市総合教育会議において、市長から児童生徒数が減少する中で学校の在り方をどう考えるのかという発言がありましたが、わずか一カ月後の市議会定例会で行われた一般質問に対し、「課題となっているものの、具体的な方向性を議論するに至っていない。今後早い時期に検討する」と市教育長が答弁しています。人口減少問題に関連して市の教育をどう考えていくのかと受け止める面もありましたが、一方では市が公共施設等総合管理計画の策定に向けて作業を進めていた時期でもあったので、教育というよりは公共施設の在り方という視点から議論を進めようと考えていたのかもしれないと疑念を抱いています。学校適正配置検討委員会は、第一回以後、毎月一回会議を開き、同年一二月には提言をまとめるという異例の速さで進められました。

委員会の議事録によると、学校適正配置検討委員会の議長を務めた広島大学大学院の林孝教授は、第一回会議の冒頭で、「この検討委員会は、基本的に『今後の在り方』を考える会である。

『数』のこともあるが、市内の地域のことも含めて考えていかないといけない。極端な話では、複式学級はうまくいかないなどと言われることもあるが、そうではない側面もある。『数』ではなく、『庄原市は今後何を大事にしていくのか』を出していき、そのための交通整理をしたいと思っている」と述べています。第二回会議の七月四日には、市の中心部に近い単式複式学級が混在している永末小学校を委員が訪れ、わずか一時間ではありますが授業の一コマを視察しています。さらに第三回会議では、「複式学級・単式学級だからという理由での学力差は見受けられない」と事務局が発言しています。

ところが第四回会議では、委員の一人から「学校における教育課程のよりどころとなる学習指導要領は、単式学級を想定してつくられており、複式学級は想定されていない。そのこともあり、複式学級を担当する教員は非常に苦慮されている」との驚きの発言がありました。明らかに誤った認識です（第9章も参照）。これに対して事務局からも他の委員からも、学習指導要領に関する認識の誤りが指摘されないまま、第五回・第六回会議と続けて提言案の検討が行われ、提言に至ったのです。

提言の要旨は、次のようにまとめています。

○適正な学級規模、小学校二〇人～三〇人、中学校三〇人
いずれも一学年二学級以上が望ましい。さらに小学校は少なくとも単式学級編成が望ましい。

理由　教員の指導能力に左右されやすく負担も大きい。
　学習指導要領が複式学級を想定していない、など。

学校適正配置検討委員会の第一回会議での議長の「数」や「複式学級」に関する発言趣旨からみると、ずいぶんかけ離れた内容でまとめられたという印象を強く持ちました。

地域の要望を無視し小中学校統廃合計画策定

市の動きに対し、地域では保護者と地域住民が協議のうえ、総意として住民自治組織である自治振興区が窓口となって小学校の在り方と子どもたちの教育をどう考えるのか、議論を深めていくこととなりました。その中で学校適正配置検討委員会の成り行きを見守っていましたが、同委員会の方向性に疑念が生じ始めたため、田森自治振興区会長名で二〇一六年一一月に市長、市教育長、学校配置適正化検討委員会委員長、市議会議長の四人に対し「一律に学級数や児童生徒の数によってのみ学校の規模や配置を判断するのではなく、地域と共にある学校として、小規模校の存続を図ること」を趣旨とする要望書を提出しました。

さらに、二〇一七年一月には、(旧)東城町内の七つの自治振興区で構成する東城町自治振興区連絡協議会として、市長、市教育長、市議会議長に対し「児童・生徒の数を優先して基準とし、学校配置を考えるのではなく、地域の中核である小規模校を存続させ、子どもたちや地域の未来を確かなものにする」など四項目の要望書を提出しました。

しかしながら市教育委員会は、こうした保護者や地域の声に耳を傾けることなく、学校配置適正化検討委員会の提言に基づき、市としての計画をまとめるとして、一方的に策定作業を進めたのです。二〇一八年一月二〇日付の新聞紙上に「庄原の小中再編計画決定　複式学級解消を優先」の見出しで、突然市立小中学校の統廃合計画が発表されました。計画は、小学校一九校を九校に、中学校七校を四校に縮小再編する大規模な内容であり、二〇一七年度から二〇二六年度までの一〇年間を期間として、三つのグループに分けて年次を追って実施するというものでした。

基本的な考え方は、規模については小中学校とも一学級あたりの児童生徒数を二〇人以上、一学年二学級以上とし、配置については、小学校は旧市町の区域内、中学校は旧市町の区域を越えてそれぞれ再編、通学時間もおおむね一時間以内となるよう通学支援を検討するとしたのです。いずれも小規模校を対象に、複式学級や少人数学級の解消を優先し、近隣の児童生徒の多い学校を統合先としていました。いわゆる吸収合併方式です。

学校適正配置検討委員会が設置されて以来、地域住民や保護者の意見を顧慮することなく一方的に市教委が学校統廃合計画を定め、実施に向けて強行しようとする動きは、住民自治に対する明らかな挑戦であり、未来のある子どもたちの教育の危機です。私たち現世代はもちろん、子どもたち、そしてこれから生まれてくる新しい命のためにも見過ごすことはできません。

3　何が問題なのか

地域住民と保護者は、これまでの活動を通じて市の学校統廃合計画については、主に次の点に問題があると考えており、計画そのものの白紙撤回を求めるとともに、子どもたちの教育を考える、学校を支援する、そうした活動に全力で取り組む方針です。

①「学習指導要領は複式学級を想定していないからだ」。統廃合計画を発表した際に市教育長が新聞取材で答えている発言です。また市教委が設置した検討委員会でも同じ理由を根拠に議論を誘導し、学校統廃合の必要性を掲げていました。しかしこれは明らかに事実無根であり、認識を誤っています。

②市教委は、これまでに提言においても基本計画においても統廃合の大きな理由としている複式教育に関し、なぜ複式教育ではだめなのか問題点を明確にしていません。複式教育を受けて育った人は、これまで全国に何十万人以上もいます。その人たちに何か問題があったのか、複式教育ではだめだったのか――そういうことはないはずです。では、何が問題なのか。市教委はそこを全く明確に説明できていません。子どもの「数」を弄《もてあそ》ぶ論理でしかないのです。

③もう一つ、市教委は一貫して、「多様性のある人間を育てるために一定規模の人数環境が必要である」としています。しかしながら多様な価値観や多人数の中で育たないと問題があるというような検証データは、世の中に全くありません。仮にそうであるとするなら、数十年にわたって続けてこられた複式教育は失敗だったということになり、その教育を受けた人々がみな否定されることになります。それはあり得ないことではないでしょうか。

④さらに、庄原市が目指す教育とは何かを、全く示していません。あるのは数の話だけです。庄原市としてどのような教育をめざそうとしているのかが、明らかでないのです。

⑤市教委のいう、知識・技能、思考力・判断力、社会性、コミュニケーション能力、情報活用能力、新たな価値の創造力などは、それらのために、すでに今、学校現場で様々な努力をしているものばかりです。それらの実践について教育上の意義が一つ一つ検証されているわけでもなく、行政側が統廃合の根拠にできるものではないはずです。

⑥香川県の三分の二の面積に匹敵し近畿以西で最大の庄原市域にあって、人口減少への対応を最重要課題としながら、地理的要因や地域事情を考慮しないばかりか、地方自治の根源である市民の意思を無視した一方的な計画といわねばなりません。学校が地域に果たす役割はコミュニティの中核として重要であることなどから、市教委の計画は、地域の社会構造を破壊し滅亡に至らしめるものといっても過言ではありません。

4　立ち上がる地域住民と保護者

新聞紙上で庄原市の小中学校統廃合計画（庄原市立学校適正規模・適正配置基本計画）が発表されると、地域では一気に「どうなるのか」という不安と、市民無視の行政に対する不信感が高まりました。粟田小学校に通っている子どもたちが、学校がなくなるのかと泣いて親に訴える家庭もあり、地域では保護者をはじめいち早くこの計画に対してどう対処するかという議論が始まりました。それまでの経過の中で、住民の自治組織である自治振興区を窓口とすることとしていましたが、保護者もその構成員の一人であるとはいえ、みんなで考え行動することが大切であることから、あらためて振興区と保護者会が一体となって取り組むこととしました。

そこでは地域住民の総意に基づき統廃合計画の白紙撤回を求めるべきだとして、二〇一八年三月、意思を確認するとともに明らかにするため、署名を集めることで考えがまとまりました。年度末で、子どもの卒業や人事異動などのほか決算期と重なることから、みんな忙しい最中ではありましたが、何よりも大事だという思いで役員と保護者が体制を組み、一緒になって署名活動を進めました。その結果集まったのは五〇五人の署名。田森地区の住民七〇〇人のうち一八歳以上の有権者が約六〇〇人と推定されますが、その中には治療のため長期入院している人、あるいは要介護で施設に入所している人など不在の世帯もあり、実質的にはほぼ一〇〇パーセントといえる署名が集まりました。

その頃、市教委からは粟田小学校のPTAに対し、統廃合計画の説明会をしたいとの申し入れがあり、PTAの代表者は、「無理だ、受け入れられない」と再三拒否したにもかかわらず、一方的に説明会を開催するとして、PTA及び保護者の承諾なしに市教委から保護者あてに説明会開催通知を送付していました。そうした状況でもあったので、急ぎ二〇一八年四月一一日に振興区と保護者それぞれの代表と役員計五人が市役所を訪れ、市長に署名簿を手渡しました。署名簿には、地域住民と保護者の総意として次の五項目を請求するとして記載していました。

①庄原市立学校適正規模・適正配置基本計画を白紙撤回すること。
②民主的な教育行政により、公平で公正な教育を回復すること。
③子どもたちがどこに住んでいても安心して学べる環境を整備するとともに等しく教育を受ける権利を保障すること。
④小規模校及び複式学級の教育の充実を図ること。
⑤庄原市立粟田小学校を存続すること。

この日、地元のテレビ局が同行して取材に入っており、署名簿を市長に手渡す様子が夕方のニュース番組で報道されましたが、市長が市長室の応接椅子に案内するでもなく立ったまま署名簿を受け取り、すぐにテーブルの上に署名簿を投げるようにおいた様子がテレビを通じて流れ、多くの市民から批判する声が集まりました。一日あいた四月一三日に再度市役所を訪ね、市教委が保護者の同意なく一方的に学校統廃合計画の説明会を開催するとした通知文書を撤回させ、説明会の開催を中止に追い込みました。この日以後、市教委は田森地区で説明会を開催することができていない状況です。

住民の意思を示す署名の重さ、主権者としての市民の意識の高さを痛感しています。一方で、複式学級をめぐる学習指導要領に関する発言にみられるように、教育長をはじめ市教委の教育に関する認識が疑問視されるとともに、誤った事実を正当化し議論を誘導しようとしたことがうかがえます。二〇一八年一月二〇日の新聞に掲載された記事の中で、「小学校について複式学級の解消にこだわるのはなぜですか」という問いかけに対し、市教育長は「学習指導要領で複式学級が想定されていないからだ」と誤った認識を堂々と答えています。言い逃れできるものではありません。

5　地域コミュニティで未来に希望を――命のリレー

田森地区では全国の多くの地域同様に人口の減少と少子高齢化が進んでいます。一市六町が合併した二〇〇五年三月に九一七人を数えた人口は、八年後の二〇一三年には七八七人、率にしてマイナス一四・二パーセントと急激に減少しました。一九七五年以降の減少率は五年ごとの波はあっても平均的にマイナス三・二パーセント程度であったことを考えると、一九六〇年から一九七〇年の高度経済成長期における減少率マイナス二三・六パーセントに次ぐ、衝撃的な数字となって現れました。このまま衰退するのを座して待つのか、今がよければいいのか、いや未来に希望を持ち一歩ずつでも前進していくのか、そう考えたとき、かつて私たちの先輩が築いてきた地域を誇りに思うとともに、次の世代に確実に引き継いでいく、まさに「命のリレー」を果たしていくという道を選択したいと思うのです。では、いったい何をどうするのか――。

もともとこの地区は「黒がねどころ」として栄えた歴史があります。「たたら」と言われる砂鉄から作る鉄、鉄の製造に必要な木炭、米作りに欠かせない和牛（黒）、この三つの「黒」からそういわれた時代があるのです。

往時の様子は、中世以来の形式を残すとされる比婆荒神神楽《ひばこうじんかぐら》（一九七九年に国重要無形民俗文化財指定）や一村一社とされた明治以降も現存する九社の神社庁登録神社、本山三宝荒神社《もとやまさんぽうこう》などからしのばれ、他地域にはない特徴的な地域資産として残っています。このような時代背景の中で人々の暮らしがあり、絆《きずな》ともいえる人間社会のつながりが深められてきたのです。冒頭で神龍湖の殉難事故にふれましたが、人々のよりどころとして、産土《うぶすな》神社や比婆荒神神楽そして学校などを舞台に、いまでいうコミュニティの下地がつくられたといえます。その流れは戦後も続き、一九六一年に粟田小学校が移転新築した際は、地域の人々が総出で引っ越し作業をするとともに、数年間はグラウンド整備や植栽、登校道の維持補修など子どもたちと一緒になって地域の奉仕作業が続いたといいます。一九五〇年の旧田森中学校校舎建築に続く、まさに手づくりの学校建設でした。こうして学校と地域、保護者と地域の関係が時を重ねるにつれ深まっていき、一九六〇年代から始まった地区の運動会や球技大会、七〇年代後半から始まった文化祭（ふれあい祭り）を保育所・小学校・中学校（一九七九年に廃校）・地域が共同して開催する取り組みなどを通し、お互いの距離がさらに近くなっていったといえます。

ところで「命のリレー」を果たすにはどうする必要があるでしょうか。人がいつまでも暮らせる定住社会を維持することであり、そのためには、一定の人・住まい・経済・医療・福祉・教育といった社会基盤を整備するとともに、何より安心して子育てができる環境づくりを進めることだと考えました。

そこで、二〇一三年から田森自治振興区では定住促進事業とともに、若い世代や子どもたちのため、そしてこれから生まれてくる新しい命のために地域を再生し、未来へつないでいくことを目指して子育て支援活動を重点的に取り組むこととしました。

幸いに、長い時間軸の中で、保護者と地域との接点が多くつくられてきたことから、地域で子どもたちを育てる、子どもたちの未来を考え、教育を考えるというキーワードで、相互の信頼と理解が深まることに多くの時間を要することはありませんでした。従来から行ってきた「田森まるごと元気村」や花植え交流などの活動に加え、放課後子ども教室の運営、高齢者を中心にして組織された「田森子ども安全見守り隊」の通学時の見守り活動、ランドセル賞（転入学祝金）の創設、学校だよりの共同発行、保小連携事業など、年次を追って子育て支援活動を拡大しています。こうして、子どもたちや保護者が地域の人と関わる機会が今まで以上に増え、お互いの信頼関係が定着していく中で、地域の子どもたちは地域の宝だという視点から共同して全力で子どもたちを育んでいく道を歩み始めています。

6 子どもたちの教育を考える

――地域と共にある学校「粟田小学校」支援プログラム

誰もが安心して暮らし、子育てができるという視点で地域づくりを進めるには、地域と学校・保育所、その他の関係機関が歩調を合わせ、一体となって子どもたちの教育を考える、そうした社会的な仕組みが必要です。二〇一六年八月に地域と共にある学校「粟田小学校」支援プログラム検討会議を設置しました。支援プログラム検討会議は、自治振興区、小学校、保育所、保育所・小学校保護者会の代表のほか識見を有する者として教育コーディネーターを中心に一五人で構成し、学校、保護者、地域がしっかりスクラムを組み、子育て目標に沿って意識の共有を図りながら全力で取り組むこととしました（図表11―1）。

こうして支援プログラムを実践に移していくことで、地域の行動が、学校がなくなれば寂しくなるという地域感情だけではなく、地域の子どもたちを大切に育てる、子どもたちにとって大切な教育の在り方を考えるといった子ども本位の視点であることが保護者にも地域住民にも浸透し、信頼を集めていきました。

加えて保護者世代の多くが、複式学級による教育で育ったという自負があり、人数が少ないと

図表11—1　粟田小学校支援プログラムの概要

支援プログラム検討会議　――　**自治振興区**

- **構　成**
  - 自治振興区（5）
  - 粟田小学校（1）
  - 田森保育所（1）
  - 保護者団体
    - 小学校保護者会（3）
    - 保育所保護者会（2）
    - 中学校通学委員（2）
  - 識見を有する者（1）

自治振興区

- **総務部・高齢者部ほか**
  - 啓発広報・情報発信
    - 地域と保護者の一体感の醸成
    - 地域と学校の交流活動
  - 定住促進と転入学児童の受入
    - 地区外からの就学支援
    - ランドセル賞
  - ふるさと回帰の仕掛

支援プログラム企画・立案実践のための行動計画

- **地域と共にある学校をめざして**
- 地域が目標とする子育て
  - •心清く正しい人格形成と確かな学力の取得
  - •主体的に思考し、創造する基礎を鍛え、多様な社会を生きる力を育む
  - •地域に誇りをもち、次代を担う社会性を養う
- 重点目標
  - •小さくてもキラリと輝き続ける魅力ある学校づくり
  - •子ども達や保護者が地域（ふるさと）に誇りを持つとともに、次代を担う人材育成
  - •地域と学校との協働により、意欲や好奇心を引き出す学習の支援
- 学校・保護者・地域の連携
  目標の達成に向けて、学校・保護者・地域がしっかりスクラムを組んでいくことが重要であり、関係者が意識を共有し、子どもたちとともに育つという立ち位置で教育を高めていく。

具体の支援行動プラン

○啓発広報
　振興区だより（月２回）学校だよりの各戸配布
　啓発シリーズ　小規模・複式教育に関する特集記事
○就学・通学支援
　通学時の見守り活動（田森子ども安全見守り隊／毎週月曜日朝）
　ランドセル賞贈呈（転入学児童祝い金）
　放課後子ども教室の運営　その他
○学習支援
　地域未来塾の運営（４年生以上）
　本の読み聞かせ（毎月第１第３水曜日の１校時前）
　実技教科の補助、まち探検など地域学習の講師派遣、木工教室・しめ縄講座等、田森まるごと元気村（デイキャンプ・野外学習・社会見学）、平和学習講師派遣　その他
○共同活動
　校地環境整備（草刈、剪定）、花植え交流、合同運動会、合同文化祭　その他
○コミュニケーション能力の養成と子育て交流
　子育て支援講座、保・小連携事業（昔遊び、紙ヒコーキ大会等毎年企画）　その他
○意識の共有と連携
　確かな学力と思考力、創造力などの多様な社会に生きる人間力のかん養など多岐にわたって連携し、子ども達を育てる。

学力が劣るとか、集団経験が少ないと多様な社会を生き抜く力がつかないとか、そうした少数集団を否定するような議論が全くの誤りであることに気付いており、地域と共にある学校づくりのエンジンとして期待されています。

目指すは「小さくてもきらりと輝き続ける学校」「行ってみたい学校・行かせたい学校」「子どもたちが生き生きとし創造力を発揮できる学校」であり、計画フレームでは主に、就学支援や通学の安全確保、学校や家庭での学習を補完する学習支援、多人数集団や地域との交流による共同活動、コミュニケーション能力の涵養《かんよう》と子育て支援の四つを基本の柱に置き、毎年計画を更新しながら充実を図っていくこととしています。どんな学校でしょうか。神楽など地域の伝統文化や歴史に学ぶ活動、森や川など地域の自然・科学を活用した研究活動、米づくりやシイタケ栽培、動物の飼育などによる命の学習活動、楽器の演奏を通じた交流活動など特色ある学校づくりを進め、小規模特認校として指定を受けることで地域内外から多くの子どもたちが通ってくることができ、豊かな学びの機会が保障される学校です。

第12章　小規模校で育つ子どもと親の思いを行政は考えていない
――統廃合計画に教育上の根拠なし　広島県福山市

小野方資、宮錦万文

1　問題の所在

福山市（人口約四七万人）は、二〇一五年八月に学校統廃合計画を公表しました。小・中学校の「適正規模の基準」を示した上で、三段階の「適正化への取り組み方針」をうち出しています。この計画を二〇一八年度の学校、児童・生徒に当てはめると、小四〇校、中一三校が対象となり、市内の全小中学校（一一三校）の半数近くに及ぶものとなっています。

ところが、二〇一六年四月に文部科学省が義務教育学校制度を導入すると、三段階の「適正化への取り組み方針」を無視した変更を持ち出し、二つの中学校と五つの小学校を義務教育学校（福山市では二校目にあたります）として統合すると市側は言いました。この計画に巻き込まれている瀬戸内海に浮かぶ島の田島、横島（現在の福山市内海町）は、二〇〇三年二月までは福山市とは別の自治体でした。旧自治体から一校も学校がなくなる計画は国内で他に一ケースが確認されているのみです。内海の住民組織「内海の将来を考える会」の広報によれば、地域の子どもはのびのび育ち、教育行政が好きな学力テストのスコアも良好と報じられています。

また、北部の山野小学校に通う子どもの中には、人数の多い学校に違和感を覚えたり不登校を経験した子が通学していたりします。福山市教育委員会（以下、市教委と略記）は「指定学校変更の申立」の申請により、不登校、いじめ等の理由による小規模校への転校を認めてきました。したがってこれらの地域を含め、「学校再編」の対象に一方的にされた地域からは、「小規模校で、すでに丁寧に子どもたちの成長や学習に臨んできたのに、なぜ統廃合されなくてはならないのか。なぜ規模だけが問題にされて、統廃合されなきゃならないのか？　Iターン受け入れとか、まちづくりに力を注いできたのに、この地域どうしてくれるの？」という疑問は尽きないわけです。

市教委は、自身が進める「学校再編」計画の説明のため、内海町の二学区（内海、内浦）で地域説明会を開きました（二〇一九年五月一〇日、一一日）。

説明会では、学校再編の必要性について、「変化の激しい社会なので、考える力をつける必要がある。そのために学びを変える必要があり、学校再編が必要」とか「これからの不透明な社会を生きていく（注1）ためには、一定規模の集団の中で学習していくことが必要」との意見が出されました。住民からは「小規模校でも子どもの力はついているのに、なぜ学校統廃合をしなくてはならないのか」「地域から学校がなくなれば、過疎化が進む。いままで取り組んできたまちづくりをどうしてくれるのだ」「住民合意が前提なのに、学校統廃合の計画が一方的に進められているのはおかしい」などの反対意見が出されました。

しかし、これに対して市教委の幹部からは、「五年先どころか一年先がわからない社会が押寄せてきている〔から、学校再編が必要――筆者補注。以下、〔 〕は同じ〕。」「ある程度の規模の中で揉まれたり子どもたち同士の関わりの中で成長したり達成感を味わったりということで成長していくのか、それともずっと少人数の中で地域のためだと言われながらやっていくのか。教育委員会として考えると子どもたちのためには一定規模が必要だ。しかもそんなに悠長にしていられない」という応答のみで、なぜ学校統廃合が必要なのかの説明はありませんでした。

この地域のある父母が、この説明では学校再編は受け入れられない、統廃合先の大規模校に通わせる気はないと考え、三好雅章教育長に意見をしにいったところ、「それは子どもがかわいそうです。親がずっと子どもを守るのか、可能性をつぶしてしまう」との返答があったと教えてくれました。この言葉は、統廃合先の大きな学校に子どもを通わせないことを「可能性をつぶしてしまう」、「かわいそう」と断定していると読めます。

これらの説明会では、一方的な「教育的」な価値観（これに教育学的な根拠がないことを後述します）に基づく断定で、学校統廃合計画を進めようとする様子が確認できます。ではなぜ、市教委は学校統廃合を押し通そうとするのでしょうか。

2　市教委による「学校再編」の理由と論拠

市の学校統廃合計画を疑問とする「地域の暮らしと学校統廃合を考える福山ネットワーク（以下「福山ネット」。二〇一六年九月に結成）」は、二〇一八年九月二七日に、第一回目の「公開質問状」を市長・市教育長宛てに出し、文書回答を求めました。

「公開質問状」は「統廃合の対象とされている〝小規模校〟で『教育効果があがっていない』という根拠があるのか？」と尋ねていました。これに市教委は「変化の激しい先行き不透明な社会をたくましく生きていくため」に、学習指導要領を理由に「討論や意見発表を重視した主体的・対話的で深い学びを取り入れる」ため「一定の集団規模が必要」であると、意見交換会で答えました。この会は、同年一二月三日に、「公開質問状」に答えるため市教委が開いたものです。

この答えに対して会の参加者から、「こういった力の育成は、すでに小規模校で実践してきた。なぜこれではダメなのか？　これが明らかにできない場合は、小規模校を統廃合にする必要がない」という疑問が出されました。

この疑問に市教委は、「〔内海・内浦地区に〕一中一小を残したとしてもその規模は、やはり小さい学校となる。（中略）この千年《ちとせ》に住んでいる子どもたちと内海町に住んでいる子どもたちのこれから先、身につけていく力や今後の学校教育の在り方というところを考えたとき、（中略）この〔統廃合後の〕学校を作ることが子どもたちにとって最善の教育環境であると教育委員会として判断した」、そして「学校再編と地域のさびれは別の問題である」、さらに「地域が弱まるというのもそうだと思う」といいました。

3　検討すべき点

以上の市教委の「学校再編」を進める理由や論拠を要約すると「『主体的・対話的で深い学び』や『変化の激しい不透明な社会』のための力を育む」ことが子どもにとって必要だから、一定規模の集団が必要であり、小規模校は再編される必要がある。地域の活力がなくなるかどうかは、別問題」となります。これを、次の三つの観点から批判的に検討します。

（1）「教育環境」と「一定規模の集団」の中身の問題

「教育的」とされる「一定規模の集団」の中身はどう決められたのか、まず以下で検証します。結論からいうと、市教委のいう「一定規模の集団」は、あらかじめ学校統廃合を目的に据えた「福山市学校教育環境検討委員会」（以下、教育環境検討委員会）により実施された、問題のあるアンケートに基づいて決められていました。後述しますが、この決定に、教育学的な根拠はありません。

二〇一三年一二月に福山市議会で教育環境検討委員会の設置のための条例が可決されます。条例ではこの委員会は、「教育環境」の整備のための議論をすることが目的にされています。

「教育環境」という言葉は、市議会の市長や教育長の答弁を確認すると、次のような意味となります。まず、二〇一二年二月一七日の市議会にて、羽田皓市長（当時）が「小中一貫教育」を進めるとし、次のように答弁しました。「二一世紀を担う子どもたちに確かな学力を身につけさせるため、義務教育九年間を一体的にとらまえた小中一貫教育に取り組みます。中長期的には、小中学校の規模適正化を含む校区のあり方についても検討してまいる考えであります（傍線は引用者による。以下同じ）。」この発言を受けて、市議（当時）の式部昌子氏は同二八日の市議会で、「〔小中一貫教育は〕保護者や教育現場からの要求に基づくものではなく、教育委員会がトップダウン方式で教育現場に押しつけようとしているものであり、合意形成がない」ことが問題だと述べました。続けて「今後の学校統廃合が懸念されます。市長は、一七日の総体説明で、中長期的には小中学校の規模適正化を含む校区のあり方についても検討すると、学校統廃合を示唆しています。（中略）地域の教育施設がなくなれば、地域力が低下します。学校統廃合は行わず、少子化時代の生徒減少を機に、少人数学級を進めることを求める」と意見・質問しました。

これに対して吉川信政教育長（当時）は次のように応えています。「〔小中一貫教育について〕学力や体力の向上、豊かな人間性をはぐくむために、一定規模の集団を確保して、教育環境を整えることが重要であります。」

ここで明らかになるのは、「教育環境」という言葉は、市長や教育長によれば「小中学校の規模適正化＝一定規模の集団の確保を含む校区のあり方の検討」という意味であったということです。（注2）式部市議の懸念に対して、市側はその懸念を否定する答弁をしなかったことが示唆的ですが、「教育環境」整備という言葉は市により、「学力や体力の向上、豊かな人間性をはぐくむ」という市側の「教育的」な価値観を附した上で、「学校再編」を進めるという意味で用いられていきます。したがって教育環境検討委員会は、「教育環境」の整備＝「学校再編」の目的のための組織といえます。

教育法学や憲法学では、教育を受ける権利を保障し、充実させるために、財政的な下支えをする国や地方自治体の義務を「教育条件整備」という言葉で表わしてきました。この整備で多く支出されるのは、教員の人件費と教育施設の建設・維持管理費用です。注意すべきは、「教育条件整備」の義務と、「教育環境」の意味が、まったく一致しない点です。

（2）「一定規模の集団」の中身の問題

教育環境検討委員会は、二〇一四年一〇月に「望ましい学校教育環境のあり方について（答申）」を出しました。ここで「望ましい学校規模」が示され、これを下回る学校が「学校再編」の対象とされる準備が整えられました。「教育環境」の検討は、第二回の教育環境検討委員会で「望ましい学校規模等に関するアンケート」が実施されることになってから加速します。

このアンケート調査は、答申の「参考資料5　望ましい学校規模等に関するアンケート調査」によれば、「小中一貫教育を進める上での望ましい学校教育環境のあり方を検討するにあたり、学校現場で直接教育に携わる教職員の意見を踏まえ、検討を進める参考とする」という目的で、二度実施されています。この「参考資料5」によれば、初めの調査は、二〇一四年二月二七日～三月一四日に福山市の公立小中学校（小学校七八校・中学校三六校）の校長、教頭、主幹教諭、教務主任、生徒指導主事を対象とし、調査対象の全校から回収を得た、とありました。二回めのアンケートは、同年三月二八日～四月一一日に福山市の公立小中学校（小中学校数は上述と同じ）の若手教員が対象とされています。

このアンケート結果は、第四回の教育環境検討委員会の会議概要に掲載されています。ここで「アンケート結果では、小学校は三学級次いで二学級（小学校全体で一二学級～一八学級）、中学校で四学級次いで三学級（中学校全体で九学級～一二学級）が望ましいという結果」「小学校では二六人～三〇人、次いで二一人～二五人、中学校では二六人～三〇人、次いで三一人～三五人が望ましいという結果になった」と示されていました。

この結果は、調査対象の教員により「望ましい」と思われた学級数であり、学級の人数であると読む必要があります。しかしながら、第四回の教育環境検討委員会以降の会議概要を読むと、「上述のアンケートの結果を下回る小規模な学校や学級が、いかに子どもにとってふさわしくないか」という議論が展開されています。

この議論を引き継いで、教育環境検討委員会の答申には次のような文章があります。「児童生徒数が減少し、学校が小規模化していくことが予想される中で、教育効果を高めるための望ましい学校規模等を実現するためには、学校の適正配置を考えていくと同時に、小中一貫教育を推進する上で、一体型小中一貫教育校はもとより、連携型小中一貫教育校において小中連携・小小連携のあり方を考える中で、今後、学校統合も検討していくことが必要である。」

この文章の根拠とされたアンケート結果は、しかし、回答した教員たちによる「望ましい学校・学級規模」の意見であり、この結果を下回る学校や学級に対して「問題がある」とか「統廃合の対象にすべき」とかいう意味を持たせて当該アンケートを用いることはできません。したがって、第四回委員会以降に見られ、答申で「今後、学校統合も検討していく」と示された教育環境検討委員会の議論の内容や考え方は、一方的・恣意《しい》的であるといわなければなりません。もし答申で示すのであれば、たとえば「学校統廃合をすすめ、一学年二〜三クラスにするほうがいいかどうか」のように、学級数であり、学級の人数を明示したアンケート調査を実施しなくてはならないはずです。(注3)

4 「小規模校は教育的にふさわしくない」という一方的な断定

福山市学校教育環境検討委員会の議論や、先の市教委幹部の言葉で見られた「小規模校は子どもにとってふさわしくない」「大規模校に行かせないとかわいそう」という考え方について、次の文章から、この妥当性を検証します。この筆者は、山野小に通っていた子どもの母親です（「学校統廃合と小中一貫教育を考える　第九回　全国交流集会 in 福山」の分科会報告より）。

私の息子が通う山野小中学校は、福山市の中心部からおよそ三〇キロ離れた、最北端の山間地域に位置する、山野町にある学校です。

現在小学校には児童九名、中学校には生徒九名が在籍している極小規模校です。子ども達は自然豊かな、のんびりとした環境で、のびのびと学ばせたいという理由や、自分たちの住んでいる地域の学校と合わず、探して、見学して「この学校に通いたい」と、自分で選んで来ています。

私の息子は小学三年の三学期より不登校になり、フリースクールに通っている時に山野の学校を見つけました。

地域で回ってくる回覧に『山野に来てみませんか?』というポスターが入っていました。そこに載っていた山野小学校と中学校の雰囲気が良かったのでネットでも調べて息子に見せたら「見学に行ってみたい」と言いました。

極小規模校の学校は初めてでしたが、校内はきれいだし、授業の声は廊下に響き、それがとても楽しそうで、先生も穏やかで熱心、子ども達の雰囲気も良くて「なじめる」と、この子に合っていると思いました。

小学校の隣が中学校なのですが、息子は「中学校も見学したい」と自ら校長先生にお願いをして、見学させてもらいました。

帰り道に「どうして中学校も見学したの?」と尋ねると「小学校卒業したら中学校でしょ?通うことになるならどんな感じか見ておきたかったの」と答えました。

息子は「この学校に通いたい」と言い、新学期から通えるように手続きをしました。

クラスは複式学級で、五年生の息子と六年生の男の子一人でした。本人が慣れる頃まで先生から一日の様子を電話で教えて下さいました。親の不安も分かってくれているんだなぁと嬉しく思いました。

参観日で初めて複式の授業を見ましたが、とても楽しそうで、安心しました。無遅刻無欠席、二学期まで頑張りすぎて疲れて一日休みました。先生から「何か学校での不満があったのですか?」と、とても心配そうな声で電話がありました。

「いえいえ、疲れたようです。学校生活に間があったので頑張りすぎたようです。」というような内容を話した記憶があります。先生は安堵して、「疲れがとれたらまた学校に来てねと伝えて下さい。」と無理に学校に来いとは言いませんでした。「あ〜、こういう学校だからこの子が行くんだ」と思いました。

自分に自信のない息子は学校生活で「どうせ僕は出来ないよ!」と爆発する事もしばしばありましたが、その都度先生方は否定するのではなく、受け入れて話を聞いてすっきりするまで待ってくれていました。その様子を電話で教えて下さいました。

担任だけではなく、校長先生も教頭先生もどの先生にも見守って頂き、そして親身に話を聞いてくださるので相談がしやすい。どれだけ救われたか。そんな環境に感謝しました。

そして、人の影に隠れるタイプでしたが、今まで通っていた学校のように誰かが代わりにやってくれるという甘えやさぼりは出来ません。どうなるかと不安でしたが、見事に公の場で堂々と発表出来るようになりました。

通うようになって知ったことですが、放課後教室と習字の時間は地域の方が入って下さいます。今は地域の方が、他に何か出来る事はないかと考えて学校と掛け合って下さり、小学校の金曜日の昼休憩に、地域の方が子ども達と遊んで下さる事もして下さっています。

夏休みに「鮎取り」も体験させてもらえます。地域の方が網を仕掛けて、子ども達が川の中で鮎を取ります。取った鮎は串に刺して焼いて、その場で頂きます。鮎のみならず、猪肉も焼いて下さり、ＢＢＱです。おかげさまで猪肉が食べられるようになりました。

他にも資源回収、ほたる祭り、夏祭り、運動会、コットン祭りの行事などが一緒なので下の名前で呼ばれて、地域の方との他愛ないおしゃべりや、お手伝いをしています。校外学習では山野の自然を探索したり、畑の作物を収穫させて頂いたりと、色々な経験をさせてくれています。勉強だけではなく、その子の良い所を伸ばし、苦手を克服させるように導いてくれる、自分の在り方に自信を持たせる教育をしてくれていると思います。その「自分の在り方に自信があるから集団でも活かせる」ことが分かる一つの行事が、小中合同文化祭です。演劇のメインは中学生ですが、小学生も出演します。その小学生も何役もやります。中学生も人数が少ないので一人で裏方と役を何役もやります。

人前に出る事が苦手な子は裏方でみんなを支えたり、ナレーターをやります。役者はセリフが長いですが、アドリブを入れて笑いを誘う演技をします。声が小さい子も翌年には大きな声を出し、覚えるのが苦手だった子はつっかえながらも、でもこのセリフは絶対に全部言うぞという気持ちが伝わってきて、応援したくなります。

その文化祭の大トリは「やまびこ太鼓」です。これは小学一年生から中学三年生でピシッと合わせる太鼓です。腕もしっかり伸ばして揃わせます。後半はどんどん早くなる伝統の太鼓です。圧巻の太鼓を伝統として引き継いでいく事は、子ども達には大変な事ですが、一つになってやり遂げた達成感と自分への自信がついた事、先輩達の思いが太鼓の響きとなって、きっと引き継いでいく気持ちにさせるのだと思います。

一つの行事をとっても、一致団結が当たり前で、自分の在り方に自信を持たせてくれる場所だから、息子は「学校は大切な場所だ」と思えるのだと思います。何十分の一ではなく、一は一。自分の替りはいない。極小規模校だから余計にそうなのかもしれないですが、家以外の居場所の一つが学校になった事は息子にとっても大きな変化となりました。

こういった充実した教育実践が展開されている小規模校に対して「かわいそう」と述べたり「子どもにとってふさわしくない」とするのは、やはり一方的な思い込みや断定といわざるを得ず、したがって、小規模な学校であることを理由に「教育的」に問題があるなどとして学校統廃合が必要であるということはできません。もし「この地域で生きていこう」「この地域の人たちのために働こう」と決めた子どもたちがいたなら、学校統廃合という市教委の決断は、この主体的に生きようとする子たちへの最大の侮辱となります。こんなことは、「主体的・対話的な学び」が必要といっている以上、市教委も教育者である以上、してはならないし、できないはずです。そもそも、国立教育政策研究所などにより「小規模学級が子どもの学習のために望ましい」とする研究はありますが、(注4)「小規模学級が望ましくない」などの研究はありません。

5 学校統廃合を進めようとする本当の理由

検証すべき三つめの観点は、市の「学校再編」理由は、実は「教員不足」など条件整備面の問題から出ている点です。この理由は、二〇一八年一〇月の千年学区での「学校再編」の説明会で、市教委の答弁から露呈しました。

少子化の影響で教員のなり手が少なくなっている状況や、今後、学校施設の老朽化に伴い、その多くが改修や建替えの必要が生じてくることを考えると、現在の学校の数を維持することは難しい。学校規模を適正化することで、教育の質の維持・向上を図っていく必要がある。

ここで市教委は、「学校再編」の理由は「教員がいない」こと、そして「建物の維持ができない」ことと明らかに言っています。こうしてわかるのは、市教委が「学校再編」をこうも強行したい理由に、「金がない・かけたくない」があることです。教員の確保も施設の維持管理も「教育条件整備」という地方自治体の義務であり、「なり手がいないから」と開き直ってはなりません。

こうして自ら露呈させた「学校再編」の本来の目的は、教育における財政措置を安上がりに済ませようということでした。こうであるゆえに、「学校再編」は「まちづくり」についてはまったく念頭外であり、これを進めようとするのであれば、「かわいそう」などという一方的で根拠のない強弁に頼らざるを得ないわけです。

市教委は第二回意見交換会で「経済的な問題で学校再編をしているという部分はなくさせてほしい（「取り消したい」の意か――引用者注）」と言っています。これは許されません。こう言いながら、しかし、市教委のホームページの中にある「地域説明会・意見交換会における主な意見・回答について」――「学校再編」に関連して市に寄せられる質問への回答集と読める内容です――という文書[注5]には、次のような文があります。「学校配置を見直すことにより、教育費を効果的に投入し、将来にわたって教育の質の維持向上を図ることが必要」。このように、学校統廃合が財政的な問題と結びついている主張がなされています。

この文章によれば「効果的ではない」と市により判断され、教育予算を回さないと判断される学校・地域があることがうかがわれることになります。「効果的」という言葉で学校を集約し規模の拡大を図ろうとする一方的な意図により、子どもの学習や成長発達に丁寧に向かい合ってきた小規模の学校を「教育費を配分しない」というかたちで否定するのは、実に非教育的な財政論でしかありません。学校再編は、経済的問題にこそ影響を受けているのです。

6 教育条件整備義務を果たさず住民自治も無視する「学校再編」

この「学校再編」問題は、われわれ住民に、「教育行政の本来すべきことをしないままにさせていいのか？」という問題を、二つの意味で突き付けています。

まず、教育を受ける権利の保障に重要である市教委の「教育条件整備」義務を、「人がいない・カネがない」と果たさないままにさせていいのか、という問題です。教育長や市教委幹部の言葉に見られた、規模を一方的・恣意的に、教育学的根拠もなしに問題と言い立て、本音のところ「人がいない・カネがない」と、学校を地域から取り上げていく教育行政。こんなことでいいのでしょうか。

そして、教育実践の様々な「よさ」を育てるというのが、戦後教育改革で確認された教育行政の本来の職務だったはずです。しかし市教委は、これに逆行しています。市教委を本来の働きやあり方に戻すため、まず「学校再編」はやめる以外ありません。

（注1）「不透明な社会を生きていく」力の涵養《かんよう》のため、学校統廃合を進める理由に「学習を通じた切磋琢磨（の必要）」を挙げ、これが、「対話的・主体的で深い学び」と共に、学習指導要領により求められているから学校統廃合が必要であると主張する自治体があります。しかし、筆者の調べによれば、学習指導要領で「切磋琢磨」という言葉が出てくるのは、『高等学校学習指導要領（平成三〇年告示）解説 保健体育編　体育編』だけです。したがって、学習指導要領を根拠に「学習を通じた切磋琢磨がいる。このために一定集団規模がいるから学校統廃合が必要である」という主張には、かなりの無理があると思われます。

（注2）教育環境検討委員会の答申で、たとえば、学校への空調設備の設置が言及されています。こういった教育条件整備としての側面がうかがわれる内容は、「教育環境」という考え方に含めてしまうべきではなかったと考えられますが、混在させることにこそ意図があったこともうかがわれます。

（注3）このアンケート調査に関する他の問題点は、小野方資「福山市『学校再編』政策における『望ましい学校規模』の批判的検討」、「福山市立大学教育学部研究紀要」第七巻、二〇一九年、参照。

（注4）例えば、工藤文三「学級編制と少人数指導形態が児童の学力に与える影響についての調査　報告書　学級規模の及ぼす教育効果に関する研究（学習成果班）」、国立教育政策研究所、二〇一二年、

参照。

（注5）http://www.city.fukuyama.hiroshima.jp/uploaded/attachment/126344.pdf 参照（最終閲覧日、二〇一九年五月二四日）

第13章　学校存続のため教職員・生徒が奮闘した島の分校

――今治北高校・大三島分校の存続めざす挑戦

愛媛県今治市　阿部潤也、高垣ルミ

瀬戸内しまなみ海道の中心に位置する愛媛県今治市大三島《おおみしま》。穏やかな瀬戸内海の景色と大山祇《おおやまづみ》神社に見守られて、昨今はサイクリングコースとして人気を集めていますが、ここも少子高齢化と過疎に悩む地域です。島内唯一の県立高校である今治北高校大三島分校もその影響を受け、近年は学校存続の危機に悩まされ続けてきました。愛媛県が定める県立高校再編整備基準を本校に当てはめた場合、「入学生が二〇人以下の状況が二年続き、その後も増える見込みがない場合は募集停止を行う」という基準があり、存続に関して待ったなしの状況で、「二〇一九年度の入学生を三一人以上に」という命題が課せられました。そこで二〇一八年度は一年間、様々な取り組みを行いました。

1 全国募集の開始と生徒募集に関する取り組み

今回に先立つ二〇一三年にも、大三島分校は生徒減により存続の危機を迎えました。その時、それまでは大三島島内の生徒だけでしたが、今治市内からも生徒を受け入れる方針を取り、幅広く生徒募集を始めました。その結果、今治の陸地部からも生徒がバスで通学するようになり、最初の学校存続の危機を乗り越えることができました。島内と島外の生徒を合わせて、新しい分校の学校生活をつくり上げていくために手探りで苦労しながら、ポジティブに学校づくりを進める日々を送っていました。しかし、二〇一九年度の生徒募集においてまたもや存続の危機を迎え、今回は生徒の募集範囲を全国に広げ、県内外で募集活動を展開しながら学校の受け入れ態勢を整えていかねばならないという複数の課題を抱えながらの取り組みとなりました。

二〇一二年一一月に地域では「今治北高校大三島分校振興対策協議会」が結成されており、今治市長や今治市教育長を含め同窓会中心のメンバーと学校職員で構成されています。分校が待ったなしの状況であることを広く知ってもらい、協議会では「大三島分校のこれからを考える会」を開催することにしました。大三島の人口は約五七〇〇人ですが、二〇一八年六月の会の当日は二〇〇名を超す参加があり、分校の現状と問題について知ってもらうきっかけをつくったことで、具体的な存続のための方法を模索するスタートとなりました。この会の後、「下宿のこれからを考える会」もたびたび開催され、県外生や通学が困難な島外からの生徒の具体的な受け入れ態勢を準備していくこととなりました。

定員割れが続く高校について、生徒募集を全国に広げる動きは、二〇一八年度には全国の二八道県で二〇〇校に上っていますが、愛媛県も県立高校八校が定員の一五~三〇パーセントを県外から受け入れる施策を導入しています。この八校の中で、翌年の定員確保ができないと廃校になることが決まっていたのは大三島分校だけでしたので、生徒募集の活動が他の七校に比べてより熱が入ったということはいえると思います。

一八年六月に東京、七月に大阪、一一月には広島県（福山市）で生徒数名と教員が出向いて学校説明会を行いました。分校の特色である「伊東建築塾（建築家の伊東豊雄氏の私塾。島内に建築ミュージアムを併設）」との連携を生かし、東京恵比寿スタジオでは二〇名の参加、福山ではＦＭふくやまでのラジオ番組出演、地元フリーペーパーでの情報発信で九組二三名の参加がありました。この福山での説明会が入学生へとつながりました。福山市では学校説明会のみならず、市内三四校と市内の不登校傾向の子どもが通う適応指導教室にも直接出向いて学校案内をしました。福山市内中心部の中学校に大三島分校へのニーズが多いかと予想していましたが、郊外の周辺校でも、不登校の生徒や、支援を要する生徒の抱える進路の悩みは同様に切実であり、そうした中学生の高校に対するニーズについては、分校も十分対応できると確信しました。今治市内の適応指導教室での生徒募集案内で、かつてそこで学んでいた生徒が大三島分校で生き生きと学校生活を送っている体験談を披露して、施設スタッフが感激して涙する場面もありました。

八月のオープンキャンパスは分校を主会場として二日間実施しました。県外からの五名を含む二二名の参加がありました。参加者は学校横の海でカヌーやボートなどのマリンスポーツのほか、地域の板前さんたちの協力で魚のさばき方教室、島の柑橘《かんきつ》を使ったアロマテラピー講座など島の学校ならではの特色ある体験をしてもらいました。二日目は、学校の概要説明以外に、建築ワークショップや伊東豊雄氏のトークイベントへの参加、また同時に開催していた広島・愛媛島嶼《とうしょ》部高校八校による地域ＰＲイベントにも参加していただきました。

２　地域活性化活動や学校の魅力化に関する取り組み

生徒募集の取り組みと並行して、生徒たち自身による地域活性化活動や学校の魅力化（生徒が生き生きと学校生活を送れる教育活動がなされることのＰＲ）を進めました。生徒が写真撮影・取材・編集まで行い大三島を高校生の目線で紹介するパンフレット『私たちの大三島』を二〇一七年度に作成し、好評を得て増刷しています。六月には「島しょ部の自分の高校だけが元気になるのではなく、他校も元気に」という意図で企画した「瀬戸内島しょ部高校リーダー研修会」は広島県からも参加があり、各地の地域活性化について討論するなど活発な議論が展開され、八月の「地域PRイベント」の開催につながりました。

また「伊東豊雄建築塾」との協働活動により、廃校になった小学校を宿泊施設としてリノベーションする活動には生徒の半数以上が参加して「大三島憩いの家」が誕生しました。島の観光スポットである大山祇神社参道の看板作りも行いました。卒業生の中には、伊東建築塾との協働活動がきっかけとなり、建築関係の進路を選択する生徒も出てきました。大山祇神社の参道では生徒による参道ガイドも行われており、観光客からも喜ばれています。八月には参道での夜市「夕涼み会」が約二〇年ぶりに復活し、かつての島での楽しみがよみがえりました。生徒が浴衣姿で懐かしい夏の味わいを手作りしたり、子どもたちの相手をしたりしながら楽しんでいる様子は、地元新聞でも取り上げられました。

このほか、マスコミからの情報発信もラジオ番組から始まって、関西毎日放送の番組「たむらけんじの学校に行こッ！」やNHKのBSプレミアム「バス旅上等！　四国へ！　しまなみ街道をゆく」などでも紹介されました。新聞記事は行事やイベント、部活動の紹介が三〇回以上も全国紙、地方紙で掲載されました。部活動は中でも写真部の活躍がめざましく、初の全国大会出場であった写真甲子園の一部始終が小学館『写真甲子園シャッターガール moment』として出版されました。

3　地域に開かれた学校へ

学校の教育活動を主に外に向けて発信することで、分校のよさや魅力を伝え続けていますが、そのような学校に実際に足を運んでもらい、学校に親しみを持ってもらうことも大切だと考えています。学校行事でもある歩行大会や運動会、文化祭には小さい子からお年寄りまで学校に来て下さいます。また、校内で様々な生徒に対応するために利用しているアロマテラピーの知識や使い方について、保護者からの要請もあり、月に一回程度「アロマテラピーを楽しむ会」を夕方から実施しています。これは保護者のみならず、地域のお年寄りや、橋でつながる伯方島《はかたじま》、因島《いんのしま》、今治市陸地部からも参加者があり、毎回二〇名前後の参加者が集います。ここでは香りがどのように身体、心から痛みを取ることができるのかという知識を分かち合うだけでなく「来てよかった」喜びを感じられる場になるような内容としています。その他、小規模ながらオルゴールコンサートやクリスタルボウルのコンサートも実施しました。大がかりではなく、分校のサイズに合った内容で地域の人が学校に来てくれる機会を続けていくことが大切だと考えています。

＊

一八年度の取り組みの結果、一九年度においては募集定員四〇名を超える生徒の志願に結びつき、最大の目標である学校存続のメドが立って、今はほっと胸をなで下ろしています。ただ、このような取り組みを今後も同様に続けていくのは学校の努力だけでは限界があります。生徒募集のために行う県内外各地での学校説明会だけでも多くの準備と資金が必要であり、資金調達や下宿の受け入れ体制づくりなど、課題は山積しています。

何よりも、本来の教員の業務を超えた仕事であり、現実として疲弊《ひへい》する教員も出る中、マンパワーが果たしていつまで通用するか、「働き方改革」とは全く逆行していることに対しても疑問を感じます。とはいえ、一八年度にここまでの取り組みができたのは、我々教員のやる気スイッチをONにする何らかの要因があったからだと考えます。その要因とは、困難なことに対する反骨精神や、生徒や地域のために頑張らなければという強い思いであったのではないかと感じています。

困難なことに立ち向かう場合でも、多くの方からの協力が得られたり一緒に活動する生徒がいてくれたりすることで、取り組んでいく際の心境や感情が苦悩・苦痛ではなく喜びとなり達成感へと変わっていきました。島根県では、教育に関して地域、行政、学校が一体となって学校づくりや学校の魅力化を図り、児童・生徒の育成に取り組んでいます。見習うべきところが多く、島根県の先進的な取り組みをこれからの参考と励みにしていきたいと考えます。

（阿部潤也）

できることは何でもやろう

「来年度の入学生に三一名を確保できなければ、閉校になってしまう」という背水の陣で、四月から学校全体で存続に向けて取り組んできました。中学生に分校を「魅力ある学校」「この学校で学びたい」と思ってもらうために推し進めてきたことは、今ある教育活動を前面に出して、「楽しい」「充実感が味わえる学校だ」と伝え続けることでした。これまでの生徒募集活動以外に、県外の募集活動、マスコミ対応、どこに売り込んでいくか――それは、職員にとっても初めてのこと尽くしでした。

「とにかく、できることを何でもやろう」という職員の意識が、金銭的にも精神的にも無理難題を乗り越える力となりました。今、学校が置かれている困難な状況をどうするかを考え続けています。「困っている状況や問題」をクリアするためにはどんな方法があるかを考えることはゲームと同じで、クリアできれば楽しく、笑いながら先にまた進むことができます。意識の中で困難を遊びに変換すると、どうにも動かせない現状への怒りや苦しみに勝っていくと理解しました。

職員室を見渡せば、時に怒り、悲しみ、苦しんでいるものの、引きずらない術《すべ》と切り替える術を使えるようになっています。締め付けや上意下達が当たり前の中にあって、統廃合の問題を考えるときに根源的なことですが、学校で生徒と教師が楽しく充実した活動ができているかどうかが一番大切なことです。

困難を楽しめる力を持つことは、現状の課題をやっかいな問題から自慢できる内容に変化させられます。問題を問題のままにしておくのではなく、いったんそれを丸ごと受け入れてしまうと変化させることが容易になります。この「受け入れる」ことができないことで問題が大きくなっていくことも活動の中で実感しました。

教育現場のさまざまな問題を解決していくときに必要なことは、矢面に立っている教員がしなやかな感性と健康な精神を保っていることです。嘆いたり苦しんだりが続けば、問題解決のためのエネルギーが削《そ》がれてしまいます。職員室では、二〇一九年、昼休憩のあと「シエスタ」と称して一〇分間ではありますが昼寝を導入し、電気も消して全員休んでいます。小さなことですが、職員のエネルギー回復に目を向けているのです。これは生徒の少数化問題とかけ離れているようですが非常に重要です。

そして今回の取り組みで、志願者数の目標達成を果たしました。困難を楽しむ力と、自分を労《いたわ》る力と笑顔が未来を書き換える原動力になりました。

二〇一九年四月。定員一杯の四〇名の入学生を迎え、今年度は「島って憩うぜ！　大三島プロジェクト」と題して、持続可能な地域活性化と大三島分校の存続に向けたあくなき挑戦を続けていくことにしています。新たに大三島に定住してもらうために発信する情報誌『大三島お仕事図鑑』を作成するほか、引き続き生徒の全国募集を東京、名古屋、大阪、福岡、広島で展開する予定です。大三島分校にカネはありません。しかし、取り組みの中で得た人と人の出会い、つながりの中から活動のエネルギーと様々な応援を得ています。

（高垣ルミ）

あとがき

小中一貫校、学校統廃合を保護者、市民の共同の力で止めた——本書に綴られた多くの取り組みは、二〇一九年二月二三日、二四日に広島県福山市で開催された「第九回　学校統廃合と小中一貫教育を考える全国交流集会」で報告されたものです。

これらの「成功」ケースを食い入るように聞いていたのは、苦労しながら運動を進めようとしている各地の報告者、参加者たち——地方議員や退職教員、地域住民——でした。なぜ、阻止できたのか、保護者はどうして立ち上がったのか、どうして共同ができたのか、そのことを、全国で地域の学校を守ろうとしている皆さんに伝えたくて本書を企画しました。

全国交流集会は多くの出会いを生んできました。第一回（二〇一〇年）、京都市で二中学校五小学校を統合して施設一体型小中一貫校を開設する計画に、地域住民たちが反発しました。その声を京都市教職員組合がしっかり受け止めた集会でした。まだ「小中一貫校は統廃合のための方途」という認識がほとんどない時期のできごとでした。今、その地域、京都市東山区は、小学校校舎がホテルに貸与され、民泊と小規模ホテル、「億ション」が林立する町に変貌してしまいました。同じことが、次回（二〇二〇年）の開催地、奈良でも起きようとしています。

第二回（二〇一一年）からは、一貫校の小学校高学年の子どもたちにさまざまな問題が起きていることが、教育学者や発達心理学者から指摘されるようになり、「奪われる小五、小六期」という言葉が浮上しました。

福井県大野市の保護者たちは、第七回（二〇一六年）、長野県阿智村の岡庭一雄元村長の「小規模校」報告を聞いて感動し同村を訪問しました。六四〇〇人の「住民自治の村」で「谷筋から子どもの声を消さない」と五校の小学校、小学校区ごとの保育園、公民館を守っています。村民の声を受け、村費で講師を派遣し複式学級を解消しています。その後、大阪の教職員たちが、統廃合計画をストップさせた大野市を訪問して学ぶことになりました。

他方、複式学級があっても地域が一体となって守っている多くの小規模校があります。広島県庄原市粟田小もその一つ、地域の伝統芸能を学校、学校区で継承しています。このような小規模校、へき地校の教育的価値を専門領域とする研究者たちの参加が増えました。

そんな各地の当事者のみなさんに執筆していただいた編集作業では、新日本出版社の角田真己氏にお骨折りをいただきました。最後に感謝の言葉を述べたいと思います。

二〇一九年八月

山本由美

執筆者一覧

第1章　山本由美　奥付参照
第2章　今西清　川西の教育を考える会事務局
第3章　三和智之「統合と小中一貫校を考える親のネットワーク~ひらかた」メンバー
第4章　山本久徳、長谷川浩昭「大野の未来を考える会」会員
第5章　服部雅美　東京都教職員組合北多摩東支部武蔵野地区協議会、「武蔵野の教育を語る会」「武蔵野市の『小中一貫校』を考える会」会員
第6章　森藤政憲　奈義町議会議員（日本共産党）
第7章　柏原ゆう子　公立学校教諭
第8章　門脇厚司　つくば市教育長。筑波大学名誉教授。筑波学院大学元学長
第9章　藤岡秀樹　京都教育大学教授。教育評価、教育心理学を専攻
第10章　門田雅人　高知県高岡郡四万十町立米奥小学校元校長
第11章　今岡良道　庄原市田森自治振興区
第12章　小野方資　福山市立大学准教授。教育制度論を専攻
宮錦万文　元中学校教諭。地域の暮らしと学校統廃合を考える福山ネットワーク会長
第13章　阿部潤也　今治北高校大三島分校振興対策課課長
高垣ルミ　今治北高校大三島分校教諭

山本由美（やまもと・ゆみ）

和光大学教授。東京自治問題研究所理事長。教育行政学、教育制度を専攻。

横浜国立大学教育学部教育学科、東京大学大学院教育学研究科教育行政学専攻修士課程修了、同博士課程満期退学。工学院大学非常勤講師、ボストン日本語学校中学部教員などを経て浦和大学短期大学部准教授、東京田中短期大学こども学科准教授、2010年度から現職。

『学校を取り戻せ！』（花伝社、共編著、2016年）、『「小中一貫」で学校が消える』（新日本出版社、共編著、2016年）、『これでいいのか小中一貫校』（同、共編著、2011年）、『小中一貫教育を検証する』（編著、花伝社、2010年）、『学力テスト体制とは何か』（同、2009年）、『ベストスクール』（同、2002年）など著作多数。

小中一貫《しょうちゅういつかん》・学校統廃合《がつこうとうはいごう》を止《と》める——市民《しみん》が学校《がつこう》を守《まも》った

2019年9月30日　初　版

編　者　山　本　由　美
発行者　田　所　　稔

郵便番号　151-0051　東京都渋谷区千駄ヶ谷4-25-6
発行所　株式会社　新日本出版社
電話　03（3423）8402（営業）
03（3423）9323（編集）
振替番号00130-0-13681
印刷　亨有堂印刷所　　製本　光陽メディア

落丁・乱丁がありましたらおとりかえいたします。

ISBN978-4-406-06388-3 C0037　Printed in Japan